C.H.BECK ■ WISSEN
in der Beck'schen Reihe

Das von Karl dem Großen errichtete Kaisertum des lateinischen Westens prägte die Geschichte Europas. Im kompakten Überblick erzählt dieses Buch von den mittelalterlichen Kaisern und analysiert das Kaisertum. Die Spannungen von Glanz und Gewöhnlichkeit, von Biographien und Institutionen, von Menschen und Mustern geben der gut verständlichen Darstellung ihren besonderen Reiz.

Bernd Schneidmüller lehrt als Professor am Zentrum für Europäische Geschichts- und Kulturwissenschaften der Universität Heidelberg.

Bernd Schneidmüller

DIE KAISER DES MITTELALTERS

Von Karl dem Großen
bis Maximilian I.

Verlag C. H. Beck

Mit 2 Karten
(Umschlaginnenseite vorne: gefertigt von Susanne Handtmann,
Umschlaginnenseite hinten von Stefan Burkhardt)

Originalausgabe
© Verlag C. H. Beck oHG, München 2006
Gesamtherstellung: Druckerei C. H. Beck, Nördlingen
Umschlagabbildung: Adler auf dem Grablegebild Kaiser Heinrichs VII.,
aus einer Bilderhandschrift für Erzbischof Balduin von Trier,
2. Viertel 14. Jh., fol. 37, Landeshauptarchiv Koblenz, 1C1
Umschlagentwurf: Uwe Göbel, München
Printed in Germany
ISBN-10: 3 406 53598 4
ISBN-13: 978 3 406 53598 7

www.beck.de

Inhalt

1 Einblicke	7
2 Antike Wurzeln – Byzantinische Konkurrenten	15
3 Entwürfe des Westkaisertums (800–855)	23
4 Der Triumph Italiens (855–924)	38
5 Die neue Mitte (919–1056)	45
6 Die zerrissene Einheit (1056–1137)	61
7 Das Heilige Reich (1138–1308)	73
8 Der erschöpfende Rangstreit (1308–1410)	88
9 Letzte Romzüge (1410–1519)	103
10 Ausblicke	117
Die Kaiser des Mittelalters 800–1519 Namen und Daten	122
Zum Nachschlagen und Weiterlesen	123
Register der Personen- und Ortsnamen	124

I Einblicke

Kaisertum im lateinischen Mittelalter war gesteigerte Königsherrschaft. Ein neuer Titel und ein besonderes Erhebungsritual markierten den Übergang. Zumeist spendeten die Päpste Salbung und Krönung zum Kaiser in Rom, von 800 bis 915 den Königen der fränkischen Reiche, seit 962 nur noch den ostfränkisch-deutschen Königen. Im liturgischen Bund zweier Universalmächte wurde politischer Vorrang sakral ausgestaltet.

Der Glanz der Größe, die Nähe zu Gott und der besondere Auftrag in der Heilsgeschichte verzauberten die Menschen. Dagegen ernüchterte die Spannung zwischen gedachter Weltherrschaft und realer Begrenzung. Den eigenen Völkern das Höchste, wurden die Kaiser den anderen zum Ärgernis. Ihr Reich konnte den Nachgeborenen zum verlorenen Paradies, zur politischen Verheißung und zur Grimasse deutscher Brutalität gerinnen.

Kaiser und Reich – was in der gängigen Einzahl gesagt wird, soll hier in der Vielfalt betrachtet werden, in Dauerhaftigkeiten, Spannungen und Widersprüchen. Darum reduziert dieses Buch. Denn Kaiser gab und gibt es von der Antike bis in die Gegenwart. Auch wenn sie sich einzig auf Erden dachten, mussten sie oft die Mehrzahl aushalten. Im Mittelalter existierten zwischen 800 und 1453 über lange Zeit sogar zwei christliche Kaiser nebeneinander. Nur dem Kaisertum im lateinischen Europa gilt dieses Buch. Es spannt den Bogen von der tastenden Einrichtung 800 durch Karl den Großen bis zum Ende der Romzüge und dem Anbruch einer neuen Zeit an der Wende vom 15. zum 16. Jahrhundert.

Auch wenn sich Europa seit dem 19. Jahrhundert von seinen Kaisern erlöste, wirkten manche Weichenstellungen und Erinnerungen sowie der Glanz ihrer Denkmäler weiter: Kaiserdome, Kaiserpfalzen, Kaisersäle, Kaiserschätze, Kaiserbilder, Kaisersagen, Kaisereichen, Kaiserausstellungen. Deutsch gemachte Kaiser des Mittelalters und das dreimal untergegangene Reich begleiteten vor allem die Geschichte der Deutschen vom 19. zum 21. Jahrhundert. Ihr Mittelalter lässt sich aus seiner neuzeitlichen Benutzung nicht mehr wirklich herausschälen. Im Blick über die Jahrhunderte kommt es freilich auf die Unterschiede an. Die unbedachte Rede von den «deutschen Kaisern» verkennt, dass es diese – staatsrechtlich korrekt – nur von 1871 bis 1918 gab. Im Mittelalter herrschten römische Kaiser. Die Titel für Kaiser und Reich entstanden mit der Zeit: Kaiser der Römer im 10. Jahrhundert, das Heilige Reich und bald das Heilige Römische Reich im 12. Jahrhundert, das Heilige Römische Reich deutscher Nation im ausgehenden 15. Jahrhundert. Das Anwachsen der Namen verrät den Wandel von Realitäten. In der changierenden Institution des Kaisertums wollen die Kaiser des Mittelalters in ihrer Vielfalt betrachtet werden, von Karl dem Großen bis zu Maximilian I.

Im Übergang von der Antike zum Mittelalter etablierten sich auf dem Boden des früheren weströmischen Reichs neue Königreiche. Die Monarchie wurde damit zur prägenden Herrschaftsform der alteuropäischen Geschichte. Bald verloren Völker ohne Königtum ihre Selbstständigkeit. Mühsam behaupteten sich später Organisationsformen von Städten und Gemeinden gegen Königtum und Adel. Über den Königreichen markierte das Kaisertum den Anspruch auf den höchsten Grad monarchischer Herrschaft. Stolz schmückten Angelsachsen, Ostfranken, Westfranken oder Spanier ihre Könige mit dem kaiserlichen Namen. Wirkmächtig und dauerhaft wurde das Kaisertum aber erst durch den exklusiven Erhebungsakt. Er bediente sich externer Legitimation, brauchte zeichenhafte Eindeutigkeit und zielte auf Öffentlichkeit.

Den fränkischen Königen war vom 5. bis zum 8. Jahrhundert die dritte Großreichsbildung neben dem oströmisch-byzantinischen Reich und der muslimischen Welt gelungen. Nun sollte der kaiserliche Name den neuen Glanz der Eroberer ausdrücken. Über viele Jahre wurde mit Ideen, Formen und Orten experimentiert. Endlich stiftete die Kaiserkrönung Karls des Großen durch den Papst 800 im römischen Petersdom Legitimation wie Kontinuität zugleich. Der Initialakt griff auf das antike Kaisertum der Römer zurück, setzte sich selbstbewusst mit der christlichen Kaiserherrschaft im griechischen Konstantinopel/Byzanz auseinander und schuf dem lateinischen Mittelalter eine neue Hierarchie. An ihr arbeitete sich Europa über ein Jahrtausend mehr oder minder heftig ab.

Rom war zugleich Zentrum des antiken römischen Weltreichs, akzeptierte Grablege der Apostelfürsten Petrus und Paulus, Sitz der Päpste, Stadt des römischen Volkes. Das alles bot dem neuen Kaisertum des Westens die ferne legitimierende Grundlage. Sämtliche Aktualisierungen griffen im ganzen Mittelalter immer wieder auf diese Fundamente zurück. Von Caesar und Augustus war das Kaisertum einst geschaffen worden. Die militärische Kommandogewalt (*imperium*) hatte den Kaiser (*imperator*) hervorgebracht. Antike Namen gaben den europäischen Sprachen die Wörter vor. Die romanische Welt und das Englische griffen auf den Imperator zurück, die germanische oder slawische auf Caesar. Er wurde im Deutschen zum Kaiser, im Russischen zum Zar. Im mittelalterlichen Latein hieß der Kaiser Caesar, Augustus, Imperator.

Alte, gleiche Namen schienen Einheitlichkeit im Kaisertum zu verbürgen. Tatsächlich gab es einen Kernbestand bleibender Vorstellungen und Rituale. Die Wirkkraft dieses schmalen Repertoires ist erstaunlich genug. In der Entwicklung vom 8. bis zum 16. Jahrhundert existierte das Kaisertum aber vor allem aus beständigen Spannungen, Widersprüchen, Wandlungen. Seinen Nutzern diente es zur Legitimation. Dagegen veränderten sich die gelebten und gedachten Ausgestaltungen in changierenden Handlungs-, Bedeutungs- und Zeichensystemen.

Das beständige Vibrieren im Gefüge von Institution und Individuum kann weder in einer Geschichte der Institution noch in der Abfolge von Kaiserbiografien beschrieben werden. Menschen und Institutionen müssen vielmehr zusammenkommen, das Handeln und das Denken, die Ausgestaltungen und die Spielräume. Die mittelalterlichen Kaiser treten uns aus dieser Perspektivenkombination entgegen. Schon ihre Erhebungsakte sind besonders wichtig, offenbaren sie doch eine beständige Dynamik der Rituale, der Vorstellungen, der Ordnungen. Symbolische Handlungen bildeten Forderungen, Hoffnungen und Fakten ab. Das Kaisertum bot neben dem Imaginations- noch einen Gestaltungsraum. Vielfältig wurde die gesteigerte Würde genutzt: zur Bändigung der Untertanen, zur Aggression nach außen oder zum bloßen Strahlen. Dabei wechselten Größe und Gewöhnlichkeit.

In den Bedeutungskernen wie in den Gestaltveränderungen des Kaisertums treten über die Jahrhunderte drei prägende Kraftfelder hervor: universaler Anspruch, Rombezug und heilsgeschichtlicher Auftrag – Spannungen von römischem Kaisertum und deutscher Geschichte.

Universaler Anspruch: Seit der Antike wurde das Kaisertum grundsätzlich als die höchste Herrschaft in der Welt gedacht. Darum gab es eigentlich nur einen Kaiser über den Königen. Seit dem 4. Jahrhundert garantierte er auch die Einheit der christlichen Kirche. Das römische Kaisertum hatte der Geburt Christi den Raum bereitet, war also schon vor der Kirche vorhanden. Gleichwohl benötigte der Kaiser die Bischöfe und vor allem den römischen Papst auf dem Weg zum Heil. Kaisertum und Kirche präsentierten sich über alle Grenzen als universale Gewalten. Aus diesem Anspruch ergaben sich viele Konflikte über Gleichrangigkeit und Vorrang im Mit- und Gegeneinander.

Die Weltherrschaft des Kaisers wurde zwar immer wieder genannt. Im Umgang mit den Nachbarn und der Welt entwickelte sich freilich eine erstaunliche Pragmatik. Schon die karolingischen Nachfolgereiche gingen gleichberechtigt miteinander um, als sich das Kaisertum 962 mit dem ostfränkisch-deutschen Reich verband. Die Vielfalt Europas ließ den Vorrang eines Kaisers nicht mehr zu. Das Reich in der Mitte des Kontinents mit seinem Kaiser fiel im wirtschaftlichen, sozialen, kulturellen und militärischen Wettbewerb ohnehin immer weiter hinter die Nachbarn im Westen und Süden zurück. Pragmatisch behalf man sich seit dem 13. Jahrhundert mit mehrdeutigen Ausgleichen: Die Weltherrschaft des Kaisers galt zwar als Gesetzgebungsgewalt und höchste Autorität. Doch ein König konnte

Kaiser in seinem Königreich sein, wenn er in weltlichen Belangen keinen Höheren über sich anerkannte. Universalität war damit für ihre Träger nicht entwertet und für die Nachbarn erträglich. Die Kaiserkrönung verlieh darum keine reale Macht, sondern nur eine höhere Autorität. Der europäischen Nationalisierung entsprach im Spätmittelalter die Bestrebung, das Kaisertum vom römisch-deutschen Königtum aufsaugen zu lassen. Langsam verwischten die Unterschiede zwischen der Königswahl in Frankfurt, der Königskrönung in Aachen und der Kaiserkrönung in Rom.

Die Universalität formte das Amt und seine Autorität. Mit ihm trat die Person des Kaisers in ein fortwährendes Spannungsverhältnis. Das Kaisertum war langlebiger als die Kaiser. Im Spätmittelalter stellte man kaiserliche Leichname in vollem Ornat öffentlich aus. Auch wenn der Herr der Welt starb, so überdauerte die Weltherrschaft den vergänglichen Körper des Kaisers.

Rombezug und heilsgeschichtlicher Auftrag: Im 8. Jahrhundert veränderte die Neuorientierung der Päpste die Strahlkraft Roms, weg von den oströmischen Kaisern, hin zu den fränkischen Königen. Nach dem Ende des weströmischen Kaisertums 476 war Italien nur eine Randlandschaft im byzantinischen Reich geblieben. Dann wurde es zum Sehnsuchtsland der Völker West- und Mitteleuropas. Mit ihrer Akkulturation festigte sich der Vorrang des Bischofs von Rom als Nachfolger des Apostels Petrus. In immer neuen Schüben richtete sich die lateinische Christenheit auf die römische Kirche und den päpstlichen Primat aus. Die Kaiserkrönung Karls des Großen 800 im Petersdom vermittelte dem Frankenherrscher den erneuerten Glanz des römischen Reichs und dem Papst den Anspruch auf Verleihung der Kaiserkrone.

Ein wenig Statistik fängt die bunte Vielfalt in nüchternen Zahlen ein (vgl. die Tabelle im Anhang): Zwischen 800 und 1519 herrschten 30 Kaiser. Nach einer Experimentierphase bis 817 mit Erhebungsakten in Aachen (813, 817) und Reims (816) festigte sich seit 823 die Tradition der Kaiserkrönung in Rom (einzige Ausnahme Ravenna 892). Drei Kaiser mussten zweimal erhoben werden: Ludwig der Fromme (813/816), Lothar I. (817/823) und Ludwig IV. (1328). 25 Mal nahmen die Päpste die Kaiserkrönung selbst vor (darunter zwei «Gegenpäpste» 1084, 1328). Bei Abwesenheit der Päpste in Avignon spendeten zweimal bevollmächtigte Kardinallegaten die Krönung in Rom (1312, 1355). 25 Kaiser erlangten die Krone im römischen Petersdom (800, 823, 850, 875, 881, 891?, 896, 901, 915, 962, 967, 996, 1014, 1027, 1046?, 1084, 1111, 1155, 1191, 1209, 1220, 1328, 1355, 1433, 1452), zwei wegen römischer Unruhen ausnahmsweise in St. Johannes im Lateran (1133, 1312). Die vier Kaiserkrönungen in Aachen, Reims und Ravenna, alle zwischen 813 und 892 im ersten Jahrhundert des Kaisertums, entfalteten ebenso wenig Wirkung wie die beiden Erhebungsakte Ludwigs des Frommen (813) und Lothars I. (817) auf Weisung der kaiserlichen Väter ohne den Papst. Der Romzug zur Kaiserkrönung wurde aus unterschiedlichen Gründen von manchen Herrschern erst nach langen Königsjahren, von vielen überhaupt nicht angetreten. Von den 41 Königen, Mit- oder Gegenkönigen im ostfränkisch-deutschen Reich zwischen 919 und 1519 brachten es nur 19 zum Kaisertum. Zwischen 800 und 1519 standen 307 kaiserlose Jahre neben 413 Jahren mit einem Kaiser. Der liturgischen Bedeutung der Krönungszeremonie entsprach die Auswahl eines besonderen Tags im Kirchenjahr. Sechs Kaiserkrönungen erfolgten an Ostern (823, 892, 1027, 1084, 1355; Ostermontag: 1191), vier an Weihnachten (800, 875, 967, 1046), zwei an Pfingsten (1328, 1433) sowie je eine an Mariae Lichtmess (2. Februar: 962), Himmelfahrt (996) oder Peter und Paul (29. Juni: 1312).

Zahlen und Daten lassen bei allen Ausnahmen Muster erkennen: Kaiserliche Herrschaft im lateinischen Mittelalter blieb eine exklusive Auszeichnung. Sie wurde längst nicht allen fränkischen oder ostfränkisch-deutschen Königen zuteil. Der Romzug bot Herausforderungen, politisch wie militärisch. Rasch setzten sich die Päpste im Kampf um das Krönungsrecht durch. Der römische Petersdom mit dem Grab des Apostelfürsten blieb von 800 bis 1452 der angemessene Ort des Erhebungsakts.

Neben die antik-kaiserliche und die päpstlich-christliche Romidee schob sich seit der Mitte des 12. Jahrhunderts der Anspruch des römischen Volkes auf die säkulare Vergabe der Kaiserkrone. Diese kommunale Kaiseridee wurde von den Herrschern nicht aufgenommen. So blieb die Kaiserkrönung bis 1452 fest an die Päpste gebunden. Als Erster verzichtete Maximilian I. auf den Romzug und nahm 1508 mit päpstlicher Billigung den Titel «Erwählter Römischer Kaiser» an. Die letzte päpstliche Kaiserkrönung nahm Clemens VII. 1530 an Karl V. vor, nicht mehr in Rom, sondern in Bologna.

Wie ihre Konkurrenten in Byzanz verstanden sich die Kaiser der lateinischen Welt als Nachfolger der antiken römischen Herrscher. Neben Caesar und Augustus diente vor allem Konstantin der Große als Begründer des christlichen Kaisertums zur Legitimation. Der Römername ging von 800 bis 812 und durchgängig seit 982 in die Kaisertitel ein. In der Übertragung des Kaisertums (*Translatio imperii*) auf die Franken und dann auf die Deutschen entwickelte das Mittelalter dafür ein Verstehensmodell. Es ließ das Römerreich in der biblischen Tradition des Buches Daniel zum letzten der vier irdischen Weltreiche werden. Für den Bestand der Christenheit fiel damit dem römischen Kaisertum als dem Schutzherrn der römischen Kirche heilsgeschichtliche Bedeutung zu. Ausdruck fand dieses Selbstbewusstsein in der Bezeichnung «Heiliges Reich» (seit 1157).

Römisches Kaisertum und deutsche Geschichte: Das Kaisertum blieb seit 962 dauerhaft mit dem ostfränkisch-deutschen Königtum verknüpft. Die Könige entstammten in der Regel Fürsten- und Grafenfamilien aus dem Reich zwischen Nordsee und Alpen. Mit Ausnahme der Doppelwahl von 1257 wurden die Thronkandidaturen anderer Könige und Fürsten vergeblich betrieben. Die beständige Aussicht auf kaiserliche Herrschaft veränderte Monarchie und Reichsgeschichte. Seit dem 11. Jahrhundert nannten sich die Herrscher nach ihrer Königswahl «König der Römer», ein Erwartungstitel auf die höhere Würde des Kaisertums. Bei der Entstehung des ostfränkischen Reichs im Zerfall des fränkischen Großreichs entwickelte sich das Miteinander von Königtum und Adelsverbänden zum Katalysator der Identitätsbildung. In einem langen Prozess vollzog sich über den Völkern der Franken, Sachsen, Bayern, Alemannen und Lothringer die deutsche Nationsbildung. Sie erfuhr ihre Gemeinschaft vor allem aus dem Kaisertum ihrer Könige, aus Triumphen in Italien und ganz Europa, aus imperialen Ansprüchen auf Vorrang in der Welt, aus der Nähe zur römischen Kirche.

Im 11. Jahrhundert verwob das Annolied die Ethnogenese der Deutschen mit ihrer angeblichen Beteiligung bei der Begründung des antiken Kaisertums unter Caesar. Zur Jahrtausendwende schrieb Gerbert von Aurillac begeistert an Otto III.: «Unser, unser ist das römische Reich!» Aus solchen Überzeugungen erwuchs der mittelalterliche Anspruch, das Kaisertum stehe allein den Deutschen zu. Die Unterschiede von König- und Kaisertum beschrieb der Sachsenspiegel im 13. Jahrhundert: «Die Deutschen sollen rechtmäßig den König wählen. Wenn dieser geweiht wird von den dazu eingesetzten Bischöfen und auf den Thron zu Aachen gesetzt wird, so hat er die königliche Gewalt und den königlichen Namen. Wenn ihn der Papst weiht, so hat er die Reichsgewalt und den kaiserlichen Namen.» Der Kaiser, so schrieb der Italiener Marinus von Fregeno 1479, herrsche in Deutschland und im ganzen Okzident. Das wirke sich auf die Ordnung von Imperium und Nation aus.

Die gesteigerte Königsherrschaft sicherte den Kaisern ein besonderes Potential. Drei Reiche verbanden sich in ihrem Imperium: Ostfranken-Deutschland, Italien und Burgund. Bis ins Spätmittelalter überstrahlte diese Mehrzahl der Kronen andere Monarchien. Der universale Anspruch und der Zugriff auf Rom als «Haupt der Welt» (*caput mundi*) führten aber nicht zu jener Nationalisierung des Reichs, wie sie die europäischen Nachbarn erlebten. Gerade in der Auseinandersetzung mit der kaiserlichen Universalität entdeckten die europäischen Könige und Völker die eigene Würde und Selbstständigkeit. Seit dem 12. Jahrhundert wurde der deutsche Geltungsanspruch mit scharfen Worten in Frage gestellt. Zunehmende Begegnungen in der mobileren Welt des Hoch- und Spätmittelalters brachten Emotionen und intellektuelle Auseinandersetzungen hervor. Stereotype Bilder erzählten von kaiserlicher Tyrannei und deutscher Barbarei. Immer wieder setzten sich die Völker mit dem Imperium als vermeintlicher Ordnungsmacht auseinander. Franzosen, Engländer oder Italiener nivellierten die Kaiser als «deutsche Kaiser» schließlich in die Gleichrangigkeit europäischer Herrscher.

Wirtschaftliche, soziale und kulturelle Unterschiede hatten längst ein Europa der vielen Geschwindigkeiten entstehen lassen. Mit den Modernisierungsschüben in West- und Südeuropa konnte das Imperium im Hoch- und Spätmittelalter nicht mehr Schritt halten. Geglaubter Anspruch und politische Handlungsmacht klafften immer deutlicher auseinander. Niemals wurden die Spannungen zwischen römischem Kaisertum und deutscher Geschichte systematisch aufgelöst, weder gedanklich noch politisch. Darum erfuhren die Deutschen und ihre europäischen Nachbarn sowohl die Chancen als auch die Bürden des Kaisertums.[*]

2 Antike Wurzeln – Byzantinische Konkurrenten

Am Weihnachtstag des Jahres 800 begründete Karl der Große das Kaisertum des europäischen Westens. Die neue Würde entwarf ein neues imperiales Konzept, das zukunftsträchtig auf die abendländische Geschichte einwirkte. Dabei begleiteten alte Traditionen und aktuelle Erfahrungen die Versuche des Frankenherrschers, sich in der römischen Geschichte einzunisten. Das Miteinander von fränkischen Königen und römischen Päpsten formte in der zweiten Hälfte des 8. Jahrhunderts ganz we-

---

[*] Für Anregungen und Korrekturen danke ich den Studierenden meines Heidelberger Vorlesungskolloquiums sowie den Kolleginnen und Kollegen des Zentrums für Europäische Geschichts- und Kulturwissenschaften der Universität Heidelberg. – Quellenzitate sind entweder vom Verfasser aus den Editionen übersetzt oder (teilweise modifiziert) aus folgenden Reihen entnommen: Freiherr vom Stein-Gedächtnisausgabe; Die Geschichtschreiber der deutschen Vorzeit; Geschichte in Quellen 2: Mittelalter, 2. Aufl. 1978.

sentlich die gedankliche wie rituelle Ausgestaltung des Kaisertums. Den Verantwortlichen waren die antiken Voraussetzungen und die zeitgenössischen byzantinischen Ausformungen als Folien ihres Handelns präsent. Auch wenn die Quellen immer nur Splitter des kulturellen Lernens wie der politischen Auseinandersetzung bieten, zeigen sie, wie Vergangenheit und Gegenwart prägend auf das Experiment des Jahres 800 einwirkten. Deutlich wird das in der Übernahme der antiken Herrschertitel und im Ringen um die Nutzung des römischen Erbes. Karl mehrte seinen fränkischen und langobardischen Königstitel um den Namen des Kaisers (*nomen imperatoris*) und präsentierte sich als Lenker des römischen Reichs (*imperium Romanum*). Die römischen Herrschernamen Caesar und Augustus traten später noch hinzu. So bildete der Dreiklang *Imperator Caesar Augustus* die Signatur für ein Kaisertum, das auf antiken Voraussetzungen gründete und fränkische bzw. ostfränkisch-deutsche Königsherrschaft kraftvoll steigerte. Zum Verständnis mittelalterlicher Traditionen und Innovationen sind darum Skizzen der antiken und byzantinischen Folien notwendig.

Am Anfang des römischen Kaisertums standen Caesar († 44 v. Chr.) und Augustus († 14 n. Chr.), als Personen wie als Herrschernamen. Über Jahrhunderte hatte sich die römische Republik scharf von der anfänglichen Königsherrschaft abgesetzt und die Monarchie zum Gegenbild des politisch Richtigen stilisiert. Der Vorwurf intendierter Königsherrschaft wurde zum Instrument politischer Propaganda. Als im 1. Jahrhundert vor Christus eine Militärdiktatur die Prinzipien der Republik aushöhlte, bediente man sich darum weiter republikanischer Wort- und Denkhüllen. Die faktische Alleinherrschaft einer Person wurde nicht mit dem Königsnamen erfasst. Vielmehr baute man die republikanische Verfassung auf eine Person um, verstetigte bisher zeitlich beschränkte Ämter (Diktatur, Volkstribunat, prokonsularische Gewalt) und stellte die militärische Kommandogewalt über das Heer heraus (Feldherr = *imperator*). Durch die Aufnahme heroisierter Gründernamen wie Caesar und Augustus bildeten sich in der Herrschaft des Einzelnen bald eigene Traditionen aus. Die Verleihung von Ehrenzeichen und der posthume Senatsbeschluss zur Vergottung Caesars markierten den neuen Rang des Princeps und ließen eine Repräsentationskultur mit öffentlichen Herrscherbildern entstehen. Der Princeps garantierte in Kulthandlungen durch besondere Nähe zu den Göttern das Wohlergehen des Staats.

Ihre Basis fand diese Macht des Einzelnen in der Kommandogewalt über das Heer. Seine Akklamation begründete Herrschaft, Treueide festigten Loyalitäten. In Krisensituationen erhoben die Legionen ihre Generäle und sicherten ihnen durch den Einmarsch in Rom die Verleihung des Diadems. Widerpart dieses fragilen Gehorsamssystems war der Herrscherkult, der den Kaiser aus irdischen Konstellationen heraushob und mit dem Amt die Person sakralisierte. Der Kult entwickelte sich im östlichen Mittelmeerraum aus den Traditionen hellenistischer Herrscherverehrung. Dann diente er in noch nicht befriedeten Teilen des Westens zur Bindung regionaler Führungsschichten an Reich und Kaiserhaus. Und schließlich dehnte Vespasian (69–79) den Herrscherkult mit seinen Institutionen auf alle großen Provinzen des Westens aus. Um nicht völlig mit römischen Traditionen zu brechen, unterblieb eine Konkretisierung der Heiligkeit des Monarchen. Die Verknüpfung des Kaiserkults mit dem Kult der unbesiegbaren Sonne (*Sol invictus*) wollte den Herrscher aber von den Neigungen des Heeres unabhängig machen. Dabei begnügte sich der integrationsfreudige Vielgötterhimmel mit dem korrekten Kultvollzug und verlangte keine emotionale Frömmigkeit. Gerade dieser Unterschied von formalisiertem Handeln und religiös erfülltem Herzen führte zum unüberwindlichen Gegensatz mit dem Christentum. Wegen seiner Verpflichtung auf den einen Gott durfte es bloße Verehrungsgesten an andere nicht vollführen. Das wurde von den Römern als Verweigerung politischer Loyalität interpretiert.

Die Sakralisierung der Person entrückte den Kaiser in komplexen Zeichensystemen des höfischen Zeremoniells immer deutlicher von den Menschen. Sie begegneten ihm in seinen Bildern und warfen sich davor nieder (Proskynese). Dafür garantierte die Frömmigkeit (*pietas*) des Kaisers mit der Gunst der Götter das Wohlergehen des Reichs. Die römische Herrschaft zielte prinzipiell auf die Grenzen der Welt und schuf darin ein Reich ohne Grenzen. Die offenkundige Diskrepanz zwischen dem von außen bedrohten Reich und der postulierten Weltherrschaft des Kaisers wurde nicht gelöst. Diese Pragmatik, das Unmögliche weitgehend zu denken und das Mögliche zu akzeptieren, erhielt sich auch im Mittelalter.

Im 3. bis 5. Jahrhundert erwies sich die Integrations- und Wandlungsfähigkeit von Reich und Kaisertum auf verschiedenen Ebenen. Administrative und militärische Notwendigkeiten einer zunehmend von äußeren Feinden bedrohten Welt führten zu Zergliederung und Kontinuitätsbruch. Mit der Aufteilung in ein west- und oströmisches Reich ging die Verlagerung der Hauptstadt von Rom nach Konstantinopel (griechischer Name: Byzanz) unter Kaiser Konstantin in der ersten Hälfte des 4. Jahrhunderts einher. Der Politikwechsel von Expansion zu Reaktion veränderte das römische Reich im Kern und ließ seine Eliten zu einem Schmelztiegel unterschiedlicher Ethnien und Kulturen werden. In Kämpfen um die Grenzen und im Sog der römischen Zivilisation entstanden seit dem 3. Jahrhundert die neuen Völker des Mittelalters, die ihre Identität als spätantike Randkulturen in den Erfahrungen von Wanderung und Eroberung ausbildeten. Die neuen Herrscher lehnten sich lange an die Kaiser an und bezogen ihre Rechtmäßigkeit aus deren Anerkennungen und Rangerhöhungen. So band das römische Reich die neuen Verbände in das eigene Herrschafts- und Verteidigungssystem ein. Verbündete stiegen in höchste Positionen der Reichsverwaltung auf und nahmen als Heermeister Einfluss auf die Besetzung des Kaisertums. In seinem Dienst definierten sich die multiethnischen Führungsschichten.

Der Religionswechsel des 4. Jahrhunderts formte das Kaisertum um. Nach langen Etappen der Verfolgung und nach kurzer Zeit der Duldung stieg das Christentum im Lauf des 4. Jahrhunderts zur offiziellen Reichsreligion auf. Es veränderte sich freilich im Kern, als Kaiser Theodosius I. 391 alle heidnischen Kulte verbot. Nun wuchsen den Christen nach Phasen der Weltflucht neue Aufgaben zur Legitimation und Sinnstiftung für Eliten zu. Die Kaiser traten aus dem Götterhimmel heraus, weil der Christengott keinen anderen Gott neben sich duldete. Doch sie sahen sich als Beauftragte dieses Gottes in der Welt, von ihm erwählt und bekrönt, Mittler zwischen Gott und den Menschen. Dabei entrückten die Herrscher ihren Untertanen im Zeremoniell und in der abgeschiedenen Überwelt des kaiserlichen, heiligen Palastes immer weiter. Die persönliche Präsentation in der Öffentlichkeit wich seit dem 4. Jahrhundert der in Bildern garantierten institutionellen Omnipräsenz des Kaisertums.

Dieser Übersteigerung stand im weströmischen Reich des 5. Jahrhunderts ein zunehmender Gestaltungsverlust entgegen. 476 setzte Odoaker, erst Diener des Reichs, dann sein Vernichter, den letzten Kaiser Romulus Augustus (genannt Augustulus = Kaiserchen) ab. Den Zeitgenossen vielleicht nur Etappe im bunten Transformationsprozess, markierte das Jahr 476 in der Rückschau eine Epochenwende. Nach einem halben Jahrtausend gelangte das Kaisertum im Westen des römischen Reichs an sein unrühmliches Ende. Eine Gesandtschaft des Senats brachte die Herrschaftszeichen nach Konstantinopel und erklärte, jetzt genüge in beiden Reichsteilen ein Kaiser. Kaiser Zenon erhob nicht, wie erbeten, Odoaker, sondern den Heermeister Theoderich aus der ostgotischen Amalersippe zum Patricius. Gewaltsam setzte dieser sich 493 in Italien durch.

Das Heer rief ihn, der als Theoderich der Große eine Vorrangstellung unter den neuen germanischen Königen des Westens gewann, zum König über Goten und Römer aus. 497 band ihn der oströmische Kaiser Anastasius durch die Benennung als König Flavius Theodericus in die kaiserliche Familie und in sein Reich ein. Tatsächlich trat Theoderich in der Ausgestaltung Ravennas wie ein Kaiser auf. Das oströmische Hegemonialsystem wollte durch Anerkennungsakte und Rangerhöhungen auch die anderen neuen Herren in die Idee des einen Reichs einfügen. 508 erhielt der Frankenkönig Chlodwig von Kaiser Anastasius die Ernennung zum Konsul und trat öffentlich in Tours in einem aus Konstantinopel geschickten Königsornat auf. Noch blieben Glanz und Legitimationskraft des fernen Kaisertums geschätzt. Doch mit der Zeit verblasste die integrative Klammer römischer

Einheit in faktischer Ferne. Der Osten und der Westen beschritten getrennte Wege in die mittelalterliche Geschichte, ohne den Kontakt zu verlieren.

Das oströmische oder byzantinische Reich setzte bis zu seinem Ende 1453 das Kaisertum der Römer mit dem Anspruch absoluter Ausschließlichkeit fort. Auch als Italien verloren ging, auch als sich die griechische Sprache und Kultur durchsetzte, die aus dem lateinischen Imperator den griechischen Basileus machte, auch als sich im Westen das lateinische Kaisertum etablierte, auch als die wirkliche Handlungsmacht auf die Umgebung der Hauptstadt Konstantinopel/Byzanz schrumpfte – der alleinige Anspruch auf Bewahrung der römischen Antike wurde niemals aufgegeben. Als neues Rom bildete die Metropole am Bosporus vom 7. bis zum 15. Jahrhundert die Verkörperung des alten Rom wie das Bollwerk des christlichen Glaubens im Kampf gegen Araber und Türken. Dieses Selbstbewusstsein wurde durch die Glaubensspaltung zwischen römischer und orthodoxer Kirche 1054 noch befördert. Daran änderte auch die Eroberung Konstantinopels durch westliche Kreuzfahrer 1204 und die zeitweilige Errichtung eines lateinischen Kaiserreichs nichts. 1261 gelangte «das einzig wahre Rom» wieder unter die legitime Herrschaft Michaels VIII. aus der Dynastie der Palaiologen.

Seine Prägung erfuhr das byzantinische Kaisertum unter Justinian I. (527–565). Als programmatischer Fortsetzer des römischen Reichs betrieb er die Wiedereroberung des Westens. Seine Feldherren Belisar und Narses siegten in Nordafrika und in Italien. Doch der Norden Italiens fiel schon kurze Zeit später 568 an die Langobarden. So zerbrach die Fiktion des wieder errichteten Römerreichs im Westen bald nach Justinians Tod. Zu seinen politischen Erfolgen gesellte sich die Sammlung und Überlieferung des über Jahrhunderte entstandenen römischen Rechts. Die Systematisierung des antiken Kaiserrechts verlieh der Institution eine sichere Legitimationsgrundlage im Osten und forderte den Westen seit der umfassenden Wiederentdeckung der Rechtssammlung im 12. Jahrhundert heraus.

In drei Teilen ließ Justinian die Überlieferung ordnen: Der *Codex Justinianus* (529/534) sammelte jene Kaisererlasse, die fortan alleinige Geltung beanspruchten. Die *Institutionen*, ein Lehrbuch des römischen Rechts (533), und die *Digesten* (*digerere* = einteilen/ordnen) oder *Pandekten* (*pan dechestai* = alles aufnehmen), eine Sammlung des Juristenrechts, traten hinzu. Die erste Gesamtausgabe dieser drei Teile aus dem Jahr 1583 gab dem Werk seinen Namen: *Corpus iuris civilis*, in wichtigen Partien bis heute die Grundlage europäischer Rechtsordnungen. Das Kaiserrecht war aus Fallentscheidungen als Antworten (Reskripte) auf konkrete Anfragen entstanden, also nicht systematisch entworfen, sondern in variablen Elementen gewachsen. Daraus entwickelten sich Normen mit klaren Grundzügen über den Ursprung und die Wirkung kaiserlicher Gewalt. Ihre Präzisierung in der Sammlungstätigkeit unter Justinian erlangte zukunftsweisende Wirkung. Das Gesetzgebungsrecht lag zunächst allein beim römischen Volk, das seine Befugnisse auf den Imperator übertrug (*Lex regia*). Damit wurde der Kaiser zur Quelle allen Rechts. Seine Gesetze schufen den Staat.

Aus solchen Grundlagen speiste sich die politische Geschichte des byzantinischen Kaisertums. Hier interessieren nicht die Entwicklungen und Träger des östlichen Imperiums vom 4. bis zum 15. Jahrhundert, obwohl ihre Bedeutung wie ihr Anteil an der europäischen Geschichte kaum zu überschätzen sind. Auch die Verwandlungen des byzantinischen Reichs über ein ganzes Jahrtausend müssen zurückstehen. Wie die Folie für das neue Kaisertum des Westens aussah, zeigt der vergleichende Blick auf fünf wesentliche Unterschiede:

1) Das östliche Reich blieb untrennbar mit der Institution des Kaisertums und der Person des Herrschers verbunden. Trotz einzelner Absetzungen garantierte die Kontinuität des Kaisertums die byzantinische Geschichte. Anders als im Westen blieb das Reich nie lange ohne Kaiser.

2) Herrschaft entstand anfangs aus Akklamation und Schilderhebung durch das Heer. Das Kaisertum blieb mit der militärischen Kommandogewalt verknüpft. Seit der Mitte des 5. Jahrhunderts nahmen in wechselnden Konstellationen Heer, Senat

und Volk die Kaiserwahl vor. Eine Krönung durch den Patriarchen fand seit 474 statt, seit 614 in der Hauptkirche Hagia Sophia, doch erhielt die liturgische Ausgestaltung niemals konstitutive Bedeutung für den eigentlichen Erhebungsakt. Eine Kaisersalbung trat unter westlichem Einfluss erst im 13. Jahrhundert hinzu.

3) Die Wahl als Legitimationsbasis ließ eine Erbmonarchie als Prinzip ursprünglich nicht zu. Bis ins 9. Jahrhundert erhielt sich das Kaisertum niemals über mehr als vier Generationen in einer Familie. Lange Regierungszeiten, militärische Herausforderungen und die erzwungene Reduktion des Reichs setzten unter den makedonischen Kaisern (867–1056) und dann unter den Palaiologen (1259–1453) die faktische Bewahrung kaiserlicher Gewalt in einer Familie durch. Seit dem 10. Jahrhundert wurde als zusätzliches Eignungskriterium die Geburt eines Thronanwärters in der Amtszeit des kaiserlichen Vaters ins Feld geführt. Symbolort war der Purpurraum (Porphyra) des kaiserlichen Palasts. Nach ihm wurde das dort geborene Kind als Purpurgeborener (Porphyrogenetos) bezeichnet. Das kostbare Purpur blieb den Kaisern als Auszeichnungsfarbe vorbehalten.

4) Die prägende Kraft staatlicher Gewalt verhinderte jenen Bedeutungsgewinn, den kirchliche Institutionen und Personen im Westen erlangten. Konflikte zwischen dem Kaiser und dem Patriarchen von Konstantinopel ergaben sich aus persönlichen, nie aus strukturellen Konstellationen. Bei der Krönung leistete der Patriarch einen Treueid auf den Kaiser; der Kaiser dagegen schwor, den Glauben zu schützen. Weil die geistliche und weltliche Sphäre nebeneinander existierten, kam es nicht wie im Westen zu Kämpfen um das gegenseitige Verhältnis oder gar um den Vorrang auf Erden.

5) In seiner Gottnähe wurde der Kaiser in spätantiken Traditionen den Menschen entrückt. Prunkvolle Handlungen in der abgeschiedenen Sphäre des Palasts übten auf Besucher große Wirkung aus. Das Kulturgefälle vom Kaisertum zur restlichen Welt wurde über die Jahrhunderte in ausgefeilten Ritualakten sorgfältig gepflegt und bildete die Grundlage für den Herrschaftsanspruch über die Welt. Er schloss jede Gleichberechti-

gung anderer Reiche oder Herrscher aus. Abgefallene oder eroberte Gebiete des einstigen Großreichs wie Palästina oder Süditalien gingen darum in Gedanken niemals wirklich verloren. Im Zusammenleben mit anderen Mächten waren nach byzantinischem Selbstverständnis Forderungen anderer an den Kaiser unmöglich, wohl aber Gnadenerweise des Basileus an Könige niederen Rangs. Dieses Bewusstsein fand seinen Niederschlag im Modell einer «Familie der Könige» mit dem Basileus an der Spitze.

Das byzantinische Reich schrumpfte in seiner Ausdehnung vom 7. bis zum 15. Jahrhundert immer weiter. Die osmanische Expansion reduzierte es schließlich auf die Hauptstadt und wenige Reste auf dem Balkan. Am 29. Mai 1453 fiel Konstantinopel/Byzanz in die Hände der osmanischen Eroberer unter Sultan Mehmet II. In den Kämpfen verlor Kaiser Konstantin XI. sein Leben. Die Sieger nannten die Metropole am Bosporus jetzt Istanbul und machten sie zu ihrer neuen Hauptstadt. Seit dem 16. Jahrhundert konzentrierte das orthodoxe Christentum den Reichsgedanken auf Moskau, das dritte Rom.

3 Entwürfe des Westkaisertums (800–855)

Am Anfang des lateinischen Kaisertums im Mittelalter stand Karl der Große. Ihm setzte Papst Leo III. (795–816) am 25. Dezember 800 im römischen Petersdom die Kaiserkrone aufs Haupt. Mehr als 1000 Jahre galt diese Würde fortan als Inbegriff gesteigerter Königsherrschaft. Um diesen höheren Rang ging es dem bisherigen Frankenkönig und seinem Beraterkreis. Sie ließen sich auf ein großes politisches Experiment ein. Wegbereitung hatte es in der engen Kooperation der beiden ersten karolingischen Frankenkönige mit den Päpsten erfahren. Doch Ausgestaltung, Ziele und Risiken blieben offen. Zeitgenössische Quellen lassen uns Hoffnungen und Widersprüche erkennen. Die wichtigsten Berichte stammen aus dem Umkreis des Kaisers wie des Papstes oder sind später zur Belehrung einer angefochtenen Gegenwart durch eine große Vergangenheit geschrieben.

In der Perspektive des Kaiserhofs formulierten die fränkischen Reichsannalen: «Als sich der König gerade am heiligen Weihnachtstag vom Gebet vor dem Grab des seligen Apostels Petrus zur Messe erhob, setzte ihm Papst Leo eine Krone aufs Haupt, und das ganze Römervolk rief dazu: ‹Karl, dem von Gott gekrönten großen und friedfertigen Kaiser der Römer, Leben und Sieg!› Und nach den lobenden Zurufen wurde er vom Papst nach der Sitte der alten Kaiser durch Kniefall geehrt und fortan, unter Weglassung des Titels Patricius, Kaiser und Augustus genannt.»

Die Lebensbeschreibung Papst Leos III. wusste: «Dort krönte der ehrwürdige und Segen spendende Vorsteher (Leo III.) ihn (Karl) eigenhändig mit der kostbarsten Krone. Darauf riefen alle gläubigen und getreuen Römer, welche den Schutz und die Liebe sahen, die er (Karl) der römischen Kirche und ihrem Vertreter gewährte, einmütig mit lauter Stimme auf Gottes Geheiß und auf Eingebung des heiligen Petrus, des Schlüsselträgers des Himmelreichs: ‹Karl, dem sehr frommen Augustus, dem von Gott gekrönten großen und friedfertigen Kaiser, Leben und Sieg!›»

Die Lorscher Annalen kannten keine Krönung und leiteten das Kaisertum von der Vakanz des Kaisertums bei den Griechen und von Karls Vorrang her: «Weil damals der Name des Kaisers den Griechen entglitt und ein weibliches Kaisertum bei ihnen zerfloss, wurde Papst Leo, allen heiligen Vätern, die auf diesem Konzil versammelt waren, und dem restlichen Christenvolk klar, dass jener Frankenkönig Karl Kaiser genannt werden müsse. Er besaß Rom, wo üblicherweise immer die Kaiser saßen, und die übrigen Sitze, die sie in Italien, Gallien und Germanien inne hatten. Weil der allmächtige Gott alle diese Sitze in seine Macht gegeben hatte, schien es ihnen nur gerecht, dass er mit Gottes Hilfe und den Bitten des christlichen Volkes diesen (kaiserlichen) Namen erhielt. Ihrer Bitte wollte König Karl nicht widerstehen.»

Einhart erinnerte sich mehr als ein Jahrzehnt nach Karls Tod mit einem befremdlichen Satz: «Damals war es, dass er die Ernennung zum Kaiser und Augustus empfing. Das war ihm zuerst so zuwider, dass er versicherte, er würde an jenem Tage, obwohl ein hohes Fest, die Kirche nicht betreten haben, wenn er die Absicht des Papstes hätte vorher wissen können. Den Hass der römischen Kaiser, die ihm die Annahme des Kaisertitels sehr verübelten, trug er mit großer Gelassenheit, und mit der Hochsinnigkeit, in der er ohne alle Frage weit über ihnen stand, wusste er ihren Trotz zu besiegen, indem er häufig durch Gesandtschaften mit ihnen verkehrte und sie in seinen Briefen als Brüder anredete.»

Die vier Krönungsgeschichten widersprechen sich nicht. Aber sie entwerfen eine jeweils eigene erinnerte Wirklichkeit von Krönung und Salbung, von Aktion und Reaktion. Sie lassen sich nicht zur Einheit zusammenfügen. Darum muss die Kaisererhebung in der Vielfalt ausgehalten werden. Einharts viel diskutierter Satz vom überraschten Kaiser wider Willen verriet Spannungen. Wurde Karl zu einem Kaiser der Römer? Verließ er damit sein Frankenvolk, das bislang seine Herrschaft getragen hatte? Behauptete der Papst eine unangemessene Handlungs- und Deutungsmacht? Und welche Konflikte bauten sich mit den «römischen Kaisern» in Konstantinopel auf, die plötzlich ihre imperiale Exklusivität einbüßten?

Seit 801 präsentierte die karolingische Kanzlei in Urkunden die neue Würde als Nebeneinander von Herrschaft: «Karl, erhabener Augustus, von Gott gekrönter großer und friedfertiger Kaiser, Lenker des römischen Reichs, der durch die Gnade Gottes auch König der Franken und Langobarden ist.» Das ist vielleicht der schwierigste Herrschertitel des Mittelalters, sorgfältig komponiert, die Franken und Langobarden als Völker neben dem römischen Reich wie die Königswürde neben dem Kaisertum. Gegen den hochmittelalterlichen Titel «Kaiser der Römer» (*imperator augustus Romanorum*) wirkte der karolingische Kompromiss wie ein Ungetüm. Er kennzeichnete die Experimentierphase in Karls Kaisertum besser als alle spitzfindigen Deutungen aus römischen oder fränkischen Konzepten. Im ersten Jahr seiner Existenz war dieses Kaisertum noch nicht fertig. Die Sieger probierten aus, wie sie ihre gesteigerte Königsherrschaft benennen und in die Welt einfügen sollten. Reiz und Kraft des Neuen bewahrten sich lange, bis der höhere Rang zur Normalität geworden war. Dann wich die Herausforderung der Selbstgewissheit. Am Anfang standen dagegen das Experiment und die Mehrdeutigkeit in Formen wie Wörtern. Karls Weihnachtstag 800 steht darum am Anfang dieses Kapitels. Ein Rückblick auf Voraussetzungen und Verlaufsformen bietet Hinleitungen.

Am Anfang standen zwei Emanzipationswege des 8. Jahrhunderts. Langsam lösten sich die Päpste aus dem oströmischen Verband und wandten sich zur Sicherung ihres Herrschaftsgebiets im mittleren Italien den Franken als neue Schutzmacht zu. Letztmals datierte Papst Hadrian I. seine Urkunden 781 nach den Regierungsjahren byzantinischer Kaiser. Im Frankenreich stiegen damals die Karolinger zur Herrschaft auf. Pippin ließ den letzten König aus dem merowingischen Königsgeschlecht absetzen und übernahm 751 das Königtum. Wie zuvor wurde das Frankenreich bei seinem Tod 768 unter den regierungsfähigen Söhnen Karl und Karlmann aufgeteilt. Als Karlmann starb, übernahm Karl 771 die alleinige Herrschaft.

Der dynastische Bruch von 751 erforderte neue Legitimationsstrategien zur Konsenserlangung in der fränkischen Adelsgesellschaft. Die spätere karolingische Erinnerung erzählte dazu die Geschichte vom Befehl des Papstes Zacharias (741–752) an die Franken, die machtlosen Merowinger zu verlassen und dem mächtigen Karolinger den königlichen Namen zu geben. Nur so würde die Ordnung nicht gestört. Die Idee, dass Herrschaft den richtigen Namen (*nomen*) tragen müsse, machte später auch die Kaiserkrönung nötig. Sie steigerte eine hegemoniale Königsherrschaft mit dem neuen Namen des Kaisers. Die Reichsannalen fügten zum päpstlichen Befehl und zur fränkischen Königswahl noch die Salbung Pippins mit geweihtem Öl hinzu. Sie verschaffte dem neuen König eine besondere Nähe zu Gott. 754, so erinnerte man sich, habe Papst Stephan die Salbung an Pippin und seinen beiden Söhnen Karl und Karlmann wiederholt und damit der neuen Herrscherfamilie besondere Rechtmäßigkeit verliehen. Gekommen war der Papst, um Hilfe gegen die Langobarden zu erbitten, die sein Herrschaftsgebiet hart bedrängten. Beschlossen wurde ein folgenreiches Bündnis, das die Franken fortan zu treuen Helfern der Nachfolger des Apostels Petrus machte.

Doch das Gedächtnis schwankte. Die erste Reise eines Papstes ins Land nördlich der Alpen sowie die Formen der Begegnung zwischen Papst und Frankenkönig in Ponthion wie in Saint-Denis wurden in verschiedenen Texten unterschiedlich erinnert. Die fränkischen Reichsannalen machten den Papst zum Bittsteller, deutlicher noch die Metzer Annalen: «Als Pippin davon hörte, befahl er erfreut seinem erstgeborenen Sohn Karl, ihm entgegen zu reisen und ihn ehrenvoll zu sich in die Pfalz von Ponthion zu führen. Dort wurde der Papst vom König Pippin ehrenvoll empfangen. Viele Geschenke spendete er dem König und auch seinen Großen. Am folgenden Tage warf er sich zusammen mit seinem Gefolge in Sack und Asche auf die Erde und beschwor den König Pippin bei der Gnade des allmächtigen Gottes und der Macht der seligen Apostel Petrus und Paulus, dass er ihn selbst und das römische Volk aus der Hand der Langobarden und aus der Knechtschaft des anmaßenden Königs Aistulf befreie. Und nicht eher wollte er sich von der Erde erheben, als bis ihm König Pippin mit seinen Söhnen und den Großen der Franken die Hand reichte und ihn selbst zum Zeichen des künftigen Bündnisses und der Befreiung von der Erde aufhob.»

Die Erinnerung im Papstbuch (*Liber pontificalis*) kannte zwar auch Stephans flehentliche Bitte, ordnete aber Pippin und Karl im Zeremoniell eindeutig unter. Sie eilten dem Papst entgegen, und Pippin führte wie ein Knecht das päpstliche Pferd umher: «Als aber Pippin die Ankunft des heiligen Vaters vernahm, zog er ihm eilig entgegen mit seiner Gemahlin, seinen Kindern und den Großen des Reichs. Seinen Sohn Karl schickte er mit vielen vornehmen Männern vierzig Meilen zu seinem Empfang voraus. Er selbst ging ihm von seiner Pfalz Ponthion aus beinahe eine Stunde weit zu Fuß entgegen und schritt eine

Strecke Weges als sein Marschall neben dem Pferd des Papstes einher.»

Solche Symbolakte schufen in einer weitgehend auf Mündlichkeit und Herrendienst gegründeten Welt Verbindlichkeiten. Der Herr ritt hoch zu Ross, während sein Knecht zu Fuß das Pferd führte. Der Bittsteller warf sich seinem Helfer in jämmerlichem Bußgewand zu Füßen. Die Inszenierung von Handlungsmacht und Ehrerbietung könnte nicht unterschiedlicher sein als in den Erinnerungstexten von der ersten Begegnung von Papst und Frankenkönig 754. Das barg den Keim für Rangkonflikte. Und tatsächlich wurden die Ritualakte über alle Jahrhunderte des Mittelalters dauernd ausgehandelt, verändert und neu verstanden – beständige Ritualdynamik mit festen Formen in einer Welt, die oben und unten, mächtig und demütig aus zeichenhaftem Handeln erkannte.

Das Bündnis von 754 brachte vielfältigen Nutzen. Mit militärischer Kraft beendete Pippin den langobardischen Druck auf die Päpste. Er und sein Sohn erhielten von den Nachfolgern Petri dafür den Ehrentitel eines «Schutzherrn der Römer» (*patricius Romanorum*). 774 unterwarf Karl das Reich der Langobarden. Noch während der Belagerung der Hauptstadt Pavia zog er nach Rom, wo er wie ein «Schutzherr» empfangen wurde. Der Patricius-Titel kam jetzt nicht mehr vom byzantinischen Kaiser, sondern vom Papst als dem neuen Herrn Roms. Viele Reiche und Herrschaften unterwarf sich Karl. Bayern und Alemannien wurden fester ins Frankenreich eingegliedert, die heidnischen Sachsen und Awaren in vielen Schlachten besiegt. Mit Ausnahme der britischen Inseln ging die Vielfalt der frühmittelalterlichen Königreiche in einem einzigen hegemonialen Reich auf.

Dichter vom Rand des Kontinents besangen Karl als «Vater Europas» oder als «Leuchtturm Europas». Die fränkischen Untertanen trugen diesen Europa-Versuch nicht mit. Stolz hielten sie am Vorrang in einem Reich fest, dem sie den Namen gaben. Drei große Gewalten auf Erden erkannte Karls Berater Alkuin 799: den Papst, den Kaiser und den König der Franken. Um so erstaunlicher war Karls Erweiterung des offiziellen Herrschertitels nach der Eroberung des Langobardenreichs in Ober- und Mittelitalien. Seit 774 nannte er sich «König der Franken und Langobarden und Schutzherr der Römer». Die Strahlkraft Italiens zog den Frankenherrscher in ihren Bann.

Leo III. zeigte seine Papstwahl 795 dem Frankenkönig an und sandte ihm die Schlüssel zum Grab des Apostels Petrus sowie die Fahne der Stadt Rom. Nach einem römischen Putsch wandte er sich Hilfe suchend an Karl, der ihn 799 in Paderborn empfing, am Ende des Reichs im frisch eroberten und christianisierten Sachsen. Mit fränkischem Geleit schaffte Leo im Herbst 799 die Rückkehr nach Rom. Ein Jahr später folgte ihm Karl. Die Kaiserkrönung war vermutlich abgesprochen. Zur Vorbereitung ließ der Papst das Triclinium, den wichtigsten Repräsentationsraum des Laterans, mit einem Freskenprogramm schmücken, das sich aus Abzeichnungen rekonstruieren lässt. Die Aussendung der Apostel durch Christus im Zentrum der Apsis wurde von zwei Huldigungsszenen flankiert. Links übertrug Christus dem heiligen Petrus das Pallium und Kaiser Konstantin dem Großen die Kaiserstandarte. Rechts reichte Petrus das Pallium an Papst Leo III. und eine Fahnenlanze an König Karl. Eine Inschrift verkündete: «Heiliger Petrus, gib Papst Leo das Leben und König Karl den Sieg.»

Zwei neuere Überlegungen lassen Karls Kaisertum nicht mehr unbedingt als zielgerichteten Höhepunkt der Bindungen von Papst und Frankenkönig erscheinen. Zum einen berichtet eine Kölner Notiz, eine griechische Gesandtschaft habe Karl 798/799 das Kaisertum (*imperium*) übertragen. Der Sinn der wenigen Worte bleibt undeutlich. Dachte sich die fränkische Männergesellschaft das Kaisertum verwaist, weil im Osten mit Kaiserin Eirene (797–802) «nur» eine Frau regierte? Oder wollte sich das östliche Kaiserhaus mit dem westlichen Aufsteiger im Sinne des spätantiken Doppelkaisertums arrangieren? All das wird aus der schütteren Meldung nicht deutlich. Wir wissen nur, dass Byzanz Karls Kaisertum später als Usurpation empfand und mit der dezidierten Betonung des eigenen römischen Kaisertums reagierte. Zum anderen will man das lange Warten Karls bis zur Kaiserkrönung am 25. Dezember 800 mit eschatologischen Vorstellungen erklären. Nach mittelalterlicher Zeitrechnung markierte das Weihnachtsfest den Beginn des Jahres 801 wie des siebten Jahrtausends seit Erschaffung der Welt, Vollendung des siebentägigen Wochenzyklus zur Ruhe der Menschen in Gott. Es ist in der kargen Überlieferung schwer zu beurteilen, ob dies für die Auswahl von Weihnachten als Krönungstag wichtig wurde.

Nachdem sich Papst Leo III. vor einem Konzil im Petersdom durch einen Eid von allen Anschuldigungen seiner Gegner gereinigt hatte, beschlossen Papst und Konzil die Erhebung Karls zum Kaiser. Im Besitz des kaiserlichen Namens konnte Karl in Rom Gericht über Leos Gegner abhalten. Es war sein letzter Besuch in der Apostelstadt. Seine gesteigerte Würde nutzte Karl zur Durchsetzung seiner Herrschaft im Reich. Als allerchristlichster Kaiser verlangte er von seinen Franken 802 einen Treueid auf den «Namen des Kaisers» (*nomen caesaris*). Dann suchte er mit rastloser Energie, Kirche und Recht zu ordnen, Bildung und Wissenschaft zu befördern, das Richtige durchzusetzen und das Reich Gottes vorzubereiten. Von weither kamen Gesandte in Karls Reich.

Der Ausgleich mit Byzanz brauchte etwas Zeit. Lange maßen Franken und Byzantiner im nördlichen Adriaraum und in Dalmatien militärisch ihre Kräfte. Erst als das oströmische Reich gegen die Bulgaren zunehmend unter Druck geriet, schickte Kaiser Michael I. (811–813) im Sommer 812 Gesandte zur Akklamation Karls als Basileus nach Aachen. Jetzt war das westliche Kaisertum anerkannt, nicht aber sein römischer Name. Während sich die byzantinischen Herrscher programmatisch «Kaiser der Römer» nannten, verzichteten Karl und seine Nachfolger bis zu Otto II. (973–983) auf jeden Rombezug im Titel.

Trotz dieses diplomatischen Erfolgs ließen äußere Bedrohungen, enttäuschte familiäre Hoffnungen und zunehmende Gebrechlichkeit dem Kaiser nur noch wenig Zeit. In seinen letzten Jahren machte er Aachen zum residenzartigen Zentrum und versammelte hier einen höfischen Beraterkreis zum Ruhm der kaiserlichen Herrschaft. Die beiden Söhne Karl und Pippin starben vor Karl und machten damit alle Pläne von Reichsteilung und Thronfolge hinfällig. Noch brach der Gegensatz zwischen der bewährten gleichmäßigen Teilung des Frankenreichs unter alle regierungsfähigen Söhne und der Unteilbarkeit des Kaisertums nicht auf. Den einzig verbliebenen Sohn Ludwig (den Frommen, † 840) ließ der Vater im September 813 aus dem fernen Aquitanien für kurze Zeit nach Aachen kommen. Hier wurde die Nachfolge geordnet und das fränkische Verständnis vom Kaisertum präsentiert.

Die Auswahl des Orts machte im Abstand von kaum 13 Jahren die Abkehr von der päpstlichen Kaiserkrönung in Rom offenkundig. Wieder geben die wichtigsten Quellen kein einheitliches Bild, doch 813 konkurrierten noch keine fränkischen Erinnerungen mit päpstlichen. Mit den fränkischen Reichsannalen und zwei Lebensbeschreibungen Ludwigs des Frommen besitzen wir nur fränkische Berichte. Bei Unterschieden im Ritual entwarfen sie das Bild größter Harmonie zwischen Vater und Sohn. Folgt man dem Ludwigsleben Thegans, so fragte Karl die Versammlung in der Aachener Pfalz, ob ein jeder mit der Übertragung seines kaiserlichen Namens (*nomen suum, id est imperatoris*) auf den Sohn einverstanden sei. Nach dem zustimmenden Wahlakt schritt Karl im königlichen Schmuck am folgenden Sonntag, dem 11. September 813, zum Hauptaltar der Marienkirche. Dorthin ließ er eine goldene Krone stellen, eine andere als die von ihm selbst getragene. Dem Sohn hielt er eine belehrende Rede, schärfte ihm die herrscherlichen Tugenden ein und nahm ihm ein Gehorsamsversprechen ab. «Dann aber befahl ihm der Vater, die Krone, welche auf dem Altar lag, mit eigener Hand zu nehmen und sich auf das Haupt zu setzen zur Erinnerung aller Gebote, welche ihm der Vater gegeben hatte. Er aber vollzog den Befehl des Vaters. Hierauf hörten sie die Messe und gingen dann zusammen nach dem Palast. Denn der Sohn stützte den Vater auf dem Hinweg und auf dem Rückweg, wie überhaupt so lange er beim Vater war. Wenige Tage darauf beehrte ihn sein Vater mit vielen und reichen Geschenken und entließ ihn nach Aquitanien. Ehe sie sich aber trennten, umarmten und küssten sie sich, und aus Freude über ihre Liebe fingen sie an zu weinen.»

Gegen Thegans Bericht von Ludwigs Selbstkrönung erzählten Einhart, die fränkischen Reichsannalen und eine anonyme Lebensbeschreibung Ludwigs, Karl habe seinem Sohn die Krone aufs Haupt gesetzt. Ob der Vater krönte oder der Sohn auf väterliche Weisung handelte, kann nicht entschieden werden. Sicher ist aber der bewusste Bruch mit dem römischen Krönungsritual von 800: das fränkische Aachen als neuer Krönungsort, die Ausschaltung der Geistlichkeit, die Weitergabe des kaiserlichen Amts vom Vater auf den Sohn. Vielleicht ahmte man die byzantinische Nachfolge ohne liturgische Verbrämung nach?

Bald darauf starb Karl der Große und wurde in der Aachener Pfalzkirche beigesetzt. Die von Einhart überlieferte Grabschrift vereinte das Kaisertum mit dem Frankenreich: «In diesem Grab ruht Karl, der große und rechtgläubige Kaiser, der das Reich der Franken ruhmvoll vergrößerte und siebenundvierzig Jahre lang erfolgreich regiert hat. Er starb als Siebziger, in der siebten Indiktion, am 28. Januar im Jahr des Herrn 814.»

Mit Ludwig dem Frommen fand ein Elitenaustausch am Hof statt. Mit den Menschen veränderten sich Gedanken und Formen. Die größten Herausforderungen für Reich und Kaisertum resultierten aber daraus, dass der Kaiser in zwei Ehen vier Söhne zeugte; drei überlebten ihn. Schon 817 hatte er die komplizierte Nachfolge geregelt. Aber die Ausstattung des später geborenen vierten Sohns sprengte die wohldurchdachte Ordnung und führte die karolingische Herrscherfamilie wiederholt an den Rand der Katastrophe. Bei Ludwigs Tod hatten sich Reich und Kaisertum gründlich verändert. Das gleichmäßige fränkische Teilungsprinzip bei der Neugestaltung des Reichs behauptete sich. Dagegen wurde das unteilbare Kaisertum als überwölbende Klammer auf die bloße Herrschaft in einem Teilreich unter anderen zurückgestutzt. Hinzu kamen der radikale Zerfall monarchischer Autorität und der Bedeutungsgewinn adliger wie geistlicher Teilhabe am Reich. Deutlicher als zuvor konnte es nur noch im Konsens der Könige mit ihren Getreuen regiert werden.

Am Anfang stand die Klärung der Bezüge von Kaiser- und Papsttum. Als Leo III. 816 starb, erhoben die Römer Stephan IV.

(816–817) zum Papst. Ihn nötigte der Respekt vor dem Kaiser zu einer raschen Reise über die Alpen ins fränkische Kernland. Im Oktober 816 trafen Kaiser Ludwig und Kaiserin Irmingard in Reims auf den neuen Papst. Der Ort war sorgfältig gewählt, da Bischof Remigius von Reims einst dem ersten christlichen Frankenkönig Chlodwig († 511), Ludwigs Namensvetter, die Taufe gespendet hatte. Die fränkischen Quellen betonen die große Eilfertigkeit des Papstes wie die hohe Ehrerbietung, mit welcher der Kaiser seinem Gast entgegen zog.

Von der ersten Begegnung erzählte Thegan: «Nach den Sendboten ging Ludwig selbst dem Papst entgegen. Als sie sich in der großen Ebene bei Reims trafen, stiegen sie beide vom Pferd. Der Kaiser warf sich dreimal mit ganzem Körper zu den Füßen des höchsten Bischofs nieder und begrüßte, nachdem er sich das dritte Mal erhoben hatte, den Papst mit diesen Worten: ‹Gelobt sei, der da kommt im Namen des Herrn, der Herr ist Gott, der uns erleuchtet› [Ps. 118, 26, 27]. Und der Papst antwortete: ‹Gelobt sei unser Herr Gott, der meinen Augen gab zu sehen einen zweiten König David› [angelehnt an den Lobgesang des Simeon]. Sie umarmten sich dann und küssten sich in Frieden, dann gingen sie zur Kirche. Und als sie lange gebetet hatten, erhob sich der Papst und spendete samt seiner Geistlichkeit mit lauter Stimme die ihm als König zukommenden Lobsprüche.» Es folgten mehrtägige Unterredungen und gegenseitige Einladungen, bei denen man sich durch Geschenke aufs Höchste ehrte. Am nächsten Sonntag spendete der Papst Ludwig in der Kathedrale die Kaisersalbung und -krönung: «Und am nächsten Sonntag in der Kirche vor der Messe weihte er ihn vor der Geistlichkeit und allem Volke und salbte ihn zum Kaiser; und eine goldene Krone von wunderbarer Schönheit mit den wertvollsten Edelsteinen geschmückt, die er mitgebracht hatte, setzte er ihm auf. Und die Königin Irmingard begrüßte er als Kaiserin und setzte ihr eine goldene Krone aufs Haupt.»

Diese zweite Kaiserkrönung Ludwigs gab dem Papst seine Autorität beim kaiserlichen Erhebungsakt zurück – wenn schon nicht am römischen Apostelgrab, dann wenigstens im fränkischen Reims. Im Wissen um spätere Unterwerfungsakte sah man den Reimser Akt von 816 früher gerne als unnötiges Einlenken eines frömmelnden Schwächlings, dem der kraftvolle Vater in der Aachener Kaiseridee eigentlich die Chancen karolingischer Unabhängigkeit bereitet hatte. Dieser Vorwurf verfehlt jedoch die Vorstellungswelt jener Zeit, die Herrschaft aus sakral-liturgischer Legitimation dachte.

817 schloss der Kaiser ein Bündnis mit dem nächsten Papst Paschalis I. (817–824). Es knüpfte an frühere fränkisch-päpstliche Verabredungen an und garantierte der römischen Kirche Besitz und Hoheitsrechte. Die Zubilligung päpstlicher Gerichtshoheit erfolgte unter dem Vorbehalt eines kaiserlichen Interzessionsrechts. Es ermöglichte auch den kaiserlichen Einfluss auf die Erhebungen der Päpste. Den Römern wurde zwar das Recht kanonischer Wahl zugestanden, doch der Gewählte musste seine Erhebung anzeigen und die Bindung an die Frankenherrscher bestätigen.

Der fromme Ludwig hatte sich mit der Reimser Salbung nicht festgelegt. Im Juli 817 nutzte auch er den Traditionsort Aachen für die Weitergabe der Herrschaft in der Familie. Mit den Großen des Reichs und seinen drei Söhnen Lothar I., Ludwig II. und Pippin beschwor er fest und unverbrüchlich eine Nachfolgeregelung, die später so bezeichnete «Ordnung des Kaisertums» (*Ordinatio imperii*). Allein der älteste Sohn Lothar sollte im Kaisertum folgen und seinen jüngeren Brüdern voran stehen. Gegen die alte fränkische Gewohnheit gleicher Anteile erhielten Ludwig und Pippin erheblich verkleinerte Herrschaftsbereiche. Die 817 eingerichteten Reiche sollten auch nicht mehr weiter geteilt werden. Mit Zustimmung des Adels gab Ludwig der Fromme wie 813 das Kaisertum mit eigener Hand, ohne geistliche Vermittlung, an den Sohn weiter.

817 war das Kaisertum wichtiger als die Einheit von Dynastie und Frankenreich. Doch allzu bald erhielt das neue Gefüge erste Risse. Aus einer zweiten Ehe Ludwigs mit Kaiserin Judith ging 823 ein vierter Sohn hervor, Karl II. («der Kahle»). Seine Ausstattung mit einem angemessenen Teil des Frankenreichs musste auf Kosten der älteren Brüder gehen. Während der Schwangerschaft der Kaiserin folgte Lothar, der auf väterlichen Befehl in

Italien regierte, einer päpstlichen Einladung nach Rom. Im Petersdom erhielt er am Osterfest «die Krone des Reichs und den Namen Kaiser und Augustus» (fränkische Reichsannalen). Zum ersten Mal nach Weihnachten 800 wurde der Ort des Apostelgrabs damit zum liturgischen Schauplatz des imperialen Erhebungsakts.

Mit der einen Ausnahme Lamberts 892 in Ravenna begann 823 die beständige mittelalterliche Tradition römischer Kaiserkrönungen. Im Rückblick schuf Lothars Zug zum Apostelgrab in doppelter Weise Regeln: Rom wurde damals zum einzigen kaiserlichen Krönungsort, und nur die Päpste besaßen die Autorität zum liturgischen Weiheakt. Selbst die vermeintliche Ausnahme der ersten Kaiserkrönung Ludwigs IV. 1328 ohne Papst rief eine solche Sehnsucht nach dem korrekten Ritual hervor, dass bald ein Gegenpapst den «ordnungsgemäßen» Erhebungsakt nachholen musste.

Bei Lothars Rückkehr zum Vater war gerade der jüngste Bruder Karl geboren. Ludwig der Fromme und Judith banden den Mitkaiser in die familiäre Fürsorge ein und machten Lothar zum Taufpaten. Doch als die Eltern seit 829 für Karl ein eigenes Teilreich schaffen wollten, zerbrach die karolingische Eintracht. In ständig wechselnden Konstellationen kämpften der kaiserliche Vater und seine Söhne über Jahre mit- und gegeneinander. Die öffentliche Herrscherbuße und der Thronverzicht, zu dem Ludwig der Fromme 833 genötigt wurde, erschütterten das Reich. Der Autoritätsverlust des karolingischen Kaisertums kaum zwanzig Jahre nach dem Tod Karls des Großen hätte nicht deutlicher ausfallen können. In Soissons warf sich Ludwig I. im Beisein des ältesten Sohns, der Geistlichkeit, des Adels und zahlreicher Zuschauer aus dem Volk bußfertig vor dem Altar zu Boden und bekannte wiederholt mit lauter Stimme seine unwürdige Amtsführung. Die Bischöfe überreichten ihm ein Verzeichnis seiner vielfältigen Vergehen. Ludwig ließ die Anklageschrift mit seinem Schwertgurt auf dem Altar niederlegen und empfing als Exkommunizierter das Büßergewand. Als er in tiefster Erniedrigung und Haft war, drehte sich das Glücksrad. 835 wurde Ludwig I. wieder zum Akteur, und Lothar I. geriet in die

Defensive. Beständige Unsicherheit prägte die Zeit. In vielen Parteiwechseln ging der Vorrang des Kaisertums verloren.

Am 20. Juni 840 starb Ludwig der Fromme auf einer Rheininsel bei Ingelheim. Vergleicht man das Frankenreich im Jahr seines Todes mit dem Zustand beim Sterben Karls des Großen 814, so könnten die Unterschiede kaum größer sein. Der anonyme Biograph meldete noch die finale Übersendung der Krone und des mit Gold und Edelsteinen ausgelegten Schwerts an Lothar, zur Sicherung der Kaiserin Judith wie ihres Sohns Karl. Doch der Bruderkrieg dauerte in wechselnden Bündnissen bis zur Erschöpfung der Streitparteien im Vertrag von Verdun 843 an. In der furchtbaren Schlacht bei Fontenoy (bei Auxerre) 841, wo große Teile der fränkischen Eliten ihr Leben verloren, hatte sich die Überlegenheit der beiden jüngeren Brüder Ludwig II. und Karl II. über Kaiser Lothar I. erwiesen. Ihr Bund wurde 842 durch die Straßburger Eide bekräftigt. In der althochdeutschen und altfranzösischen Volkssprache des jeweils anderen Heeres schworen sich die beiden Könige Treue.

Seit 842 schuf eine Kommission, in die jeder der drei Brüder 40 Bevollmächtigte entsandte, die Grundlagen für eine gleichmäßige Reichsteilung. Nach Zustimmung des Adels bestätigten die drei Brüder Lothar I., Ludwig II. und Karl II. den Kompromiss Anfang August 843 in Verdun. Ihr Freundschaftsbund machte, ohne dass sie das ahnten, europäische Geschichte. Die Ordnung von Verdun schuf den Rahmen für die späteren Reichsgrenzen zwischen Westfranken und Ostfranken, zwischen Frankreich und Deutschland. Die Grenzziehung orientierte sich nicht an geographischen, sprachlichen, kirchlichen oder ethnischen Gegebenheiten. Lothar als der Älteste erhielt den ersten Zugriff. Er entschied sich für ein Reich mit Aachen und Rom als Zentren des karolingischen Kaisertums von Friesland über die Westalpen bis nach Italien. Der Teil östlich des Rheins mit Mainz, Worms und Speyer fiel Ludwig II. zu. An Karl II. kam das Land westlich von Schelde, Maas, Saône und Rhône.

Den Zeitgenossen mochte diese Reichsteilung wie ein zufälliges Glied in einer langen Kette erscheinen. Aber der Vertrag von Verdun 843 schuf Dauerhaftigkeiten. Anfangs wollte die karolingische Brüdergemeinschaft noch die Einheit des Frankenreichs repräsentieren. Mit- und gegeneinander regierten die langlebigen Brüder Ludwig II. und Karl II. über drei Jahrzehnte und festigten ihre neuen Reiche. Nur das Mittelreich Kaiser Lothars I. ging mit der Idee des imperialen Vorrangs langsam unter. 855 wurde es beim Tod des Kaisers unter seine drei Söhne geteilt. Als diese ohne legitime Erben 863, 869 und 875 starben, fielen ihre Reiche 880 an die ostfränkische Karolingerlinie.

Vorher suchte Lothar I. seinen Reichsteil und das unteilbare Kaisertum für seine Söhne Ludwig II., Lothar II. und Karl zu sichern. Während sich der Kaiser auf das Land nördlich der Alpen konzentrierte, überließ er Italien seinem Ältesten, Ludwig II. Dieser zog zu Papst Sergius II. (844–847) nach Rom und schärfte die fränkische Autorität ein. Am 8. Juni 844 wurde Ludwig mit kaiserlichen Ehren von Papst und Klerus auf den Stufen von St. Peter empfangen. Ludwig II. ergriff die rechte Hand des Papstes, und beide zogen in die Kirche ein. Eine Woche später salbte und krönte Sergius Ludwig II. zum König der Langobarden und gürtete ihn mit dem königlichen Schwert. Auf Geheiß des kaiserlichen Vaters salbte und krönte Papst Leo IV. (847–855) Ludwig II. zu Ostern 850 im römischen Petersdom zum Mitkaiser. Von 851 an überließ Lothar I. seinem Sohn das Feld südlich der Alpen ganz. Dieser bekräftigte durch seine Ehe mit Angilberga, der Tochter des Grafen von Parma, seine Einwurzelung in Italien.

Lothar I. trat kurz vor seinem Tod am 29. September 855 als Mönch ins Kloster Prüm ein. Von seiner Herrschaft und der seines Sohns Lothar II. blieb der Reichs- und Landschaftsname Lothringen übrig. Anders als unter Karl dem Großen und Ludwig dem Frommen beruhte die kaiserliche Würde nicht mehr auf einer hegemonialen Stellung in der lateinischen Christenheit. Italien allein öffnete das Tor zur römischen Kaiserkrönung.

4 Der Triumph Italiens
(855–924)

Anfangs bildete das Mitkaisertum Lothars I. noch die einende Klammer für das geteilte Frankenreich. Seit den karolingischen Bruderkämpfen und dem Vertrag von Verdun 843 gingen die Teilreiche ihre eigenen Wege. Nur für kurze Zeit hielten regelmäßige Treffen der königlichen Brüder die Idee einer gemeinsamen Verantwortung noch am Leben. Bei Lothars Tod 855 gab es schon fünf Königreiche: das dreigeteilte Mittelreich des Kaisers, Ostfranken und Westfranken. Mit Italien, dem Drittel eines Drittels des einstigen Großreichs, blieb das Kaisertum verknüpft. Ludwig II. († 875) behauptete es gegen seine Onkel Ludwig II. († 876) und Karl II. († 877). Nur das Glück männlicher Nachkommenschaft machte deren Reiche überlebensfähig. Dagegen fand das dreigeteilte Mittelreich Lothars I. mit der Generation seiner drei Söhne ihr Ende. Um ihr Erbe wie um das Kaisertum entbrannte ein langes Ringen ost- und westfränkischer Herrscher. Der kurzzeitigen westfränkischen Durchsetzung im Imperium 875 schlossen sich 881 und 896 ostfränkische Erfolge an. Bis 924/925 zeigte der beständige Wandel im Kaisertum wie in der Zugehörigkeit Lotharingiens die Vielfalt fränkischer Handlungsgemeinschaften an. Im langen Zerfall des einstigen Großreichs begann die Neuformierung der mittelalterlichen Königreiche und Nationen.

Entscheidende Weichenstellungen erfolgten im zweiten Drittel des 9. Jahrhunderts. Aus unterschiedlichen Wurzeln zufällig entstanden, festigten sich die Reiche Ludwigs II. und Karls II. in Ost- wie in Westfranken. Anfangs nach den Königen benannt, schufen sie bald neue Identitätsräume für die wichtigen Adelsverbände. Nun wurden die neuen Reiche mit ihren Grenzen zum Aktionsfeld, nicht mehr der weite Rahmen des einstigen fränkischen Großreichs. In diesen prägenden Jahrzehnten herrschte

Ludwig II. als Kaiser in Italien. 858 – so berichtete selbstbewusst das Buch der Päpste – leistete er wie Pippin 754 dem neu gewählten Papst Nikolaus I. zweimal den Stratordienst: In symbolischer Unterordnung führte der Kaiser zu Fuß wie ein Knecht das Pferd des reitenden Papstes am Zügel umher. Seine italienische Handlungsgemeinschaft mit den Päpsten und den adligen Eliten – einst aus Franken, Bayern und Alemannien gekommen, aber längst im Land südlich der Alpen verwurzelt – formte die Geschichte des Kaisertums. Der Besitz Italiens und die Herrschaft begründende Rolle der Päpste gewannen fundamentale Bedeutung.

Als absehbar wurde, dass Ludwig ohne männliche Nachkommen sterben würde, hofften seine beiden Onkel auf das Erbe. Zielgerichtet baute Karl II. seine Anwartschaft auf und ließ sich von den Päpsten Hadrian II. (867–872) und Johannes VIII. (872–882) vertrauliche Zusicherungen auf die Kaiserkrönung geben. Beim Tod Ludwigs II. am 12. August 875 lud Papst Johannes VIII. den westfränkischen König zum Krönungszug ein. Er war schneller als sein ostfränkischer Bruder. Der Zufall des Augenblicks begründete damit das einzige Kaisertum eines Westfranken in der Geschichte. Manche französischen Herrscher oder Prinzen machten sich in späteren Jahrhunderten vergeblich Hoffnungen auf die römische Kaiserkrone. Unter ganz anderen Vorzeichen stieg erst Napoleon I. zum Kaiser der Franzosen auf, 929 Jahre nach der Kaiserkrönung Karls II. Die frühmittelalterlichen Weichenstellungen folgten noch politischen Zufällen, keinem einheitlichen Muster und schon gar nicht legitimatorischer Zwangsläufigkeit.

Der beherzte Zugriff Karls II., das Ausschalten ostfränkischer Begehrlichkeiten und der rasche Zug über die Alpen sicherten dem gleichnamigen Enkel Karls des Großen am Weihnachtstag des Jahres 875 die Kaiserkrönung im römischen Petersdom, auf den Tag genau 75 Jahre nach der Kaiserkrönung Karls des Großen. Der enttäuschte Bruder Ludwig II. fiel dafür ins westfränkische Reich ein und feierte das gleiche Weihnachtsfest demonstrativ in Karls Pfalz Attigny, ohne sich dort wirklich behaupten zu können. Weihnachten als Machtdemonstration im innerfränkischen Wettbewerb, Rom oder Attigny, Karl II. oder Ludwig II.: 875 gewann der Westen einmal das Rennen. Doch der Streit der beiden alternden Karlsenkel ließ den Urheber dieses fünften Kaisertums in der fränkischen Geschichte nicht vergessen. Die Kaiserkrönung von 875 beruhte auf einer freien Auswahlentscheidung Papst Johannes' VIII. zwischen gleich würdigen Kandidaten. Das Heft des Handelns fiel erstmals jener Institution zu, die bisher nur für die liturgischen Ornamente zuständig schien.

Der neue Kaiser zog nicht, wie vom Papst ersehnt, gegen die bedrohlichen Sarazenen in Süditalien, sondern versuchte die einstige Machtstellung Ludwigs II. auszufüllen. Jetzt schieden sich kuriale Erwartungen und kaiserliche Möglichkeiten. Das Kaisertum wurde seinen Inhabern zum Titel, nicht zum unkalkulierbaren Abenteuer im Dienst der Päpste. Hoffnungen und Handlungsspielräume kamen nicht zur Deckung. So wuchsen die Enttäuschungen. Die erträumte Weltgeltung des Kaisertums stieß an die Grenzen des Machbaren. Ober- und Mittelitalien als imperialer Resonanzboden bot schon genug expansive Verlockungen.

Eine Reichsversammlung in Pavia proklamierte Karl im Februar 876 zum Schützer und Verteidiger Italiens. Um dem ansatzweise gerecht zu werden, setzte er seinen Schwager Boso von Vienne zum politischen Stellvertreter in Italien ein. Boso heiratete Irmingard, die Tochter Kaiser Ludwigs II., und sicherte damit seine Stellung. Den Coup des westfränkischen Königs kommentierten die ostfränkischen Annalen aus Fulda mit empörten Worten: «(Karl) brach seine Zusage und zog, so schnell er konnte, nach Rom. Den ganzen Senat des römischen Volkes bestach er mit Geld wie Jugurtha und gewann ihn für sich, so dass auch Papst Johannes seinen Bitten willfahrte, ihm die Krone auf das Haupt setzte und ihn Kaiser und Augustus nennen ließ.» Der Bericht zu 876 machte die Distanz zum Kaiser und zu seinem – nach Fuldaer Geschmack allzu multikulturellen – Stil noch deutlicher: «Als König Karl aus Italien nach Gallien zurückgekehrt war, nahm er, so erzählt man, neue und ungewöhnliche Tracht an ... Alle Sitten fränkischer Könige verachtend, hielt er griechischen Prunk für den besten, und um seinen gesteigerten Stolz zu zeigen, legte er den Königstitel ab und ließ sich Kaiser und Augustus nennen über alle Könige diesseits des Meeres.»

Jetzt geriet das Kaisertum zum Zankapfel fränkischer Politik. In kriegerischen Auseinandersetzungen mit seinen ostfränkischen Verwandten erlitt Karl II. 876 bei Andernach am Rhein eine schwere Schlappe. Bald wandte sich der Adel seines westfränkischen Reichs von ihm ab. Ein zweiter Italienzug des Kaisers 877 endete im Fiasko, als ihm die eigenen Gefolgsleute die Unterstützung versagten. Bei der Flucht über die Alpen starb Karl II. am 6. Oktober 877 im savoyischen Dorf Avrieux. Zunächst provisorisch im Kloster Nantua bestattet, wurde der Leichnam später ins westfränkische Königskloster Saint-Denis überführt. Die aufgeregte Parteilichkeit der Zeit schlug sich in Berichten von Tod und Grablege nieder. Die Annalen von Saint-Bertin schoben den plötzlichen Tod in einer elenden Hütte als Giftmord einem jüdischen Leibarzt in die Schuhe. Trotz aller Einbalsamierung mit Wein und Wohlgerüchen hätte die Leiche einen so unerträglichen Gestank ausgeströmt, dass niemand sie tragen wollte. Im schlechten Tod des Kaisers spiegelte sich den Zeitgenossen ein erfolgloses Leben.

Als König folgte im westfränkischen Reich Karls Sohn Ludwig II. («der Stammler») nach. Dagegen misslang die rasche Fortsetzung des Kaisertums. Der Stammler folgte einer Einladung des Papstes nicht. Und die drei ostfränkischen Brüder Ludwig III. («der Jüngere»), Karlmann und Karl III. («der Dicke») verstanden zwar kraftvoll aufzutreten, doch Ludwig III. und Karlmann fielen nacheinander einer furchtbaren Erbkrankheit der späten Karolinger zum Opfer. So zog der übrig gebliebene Karl III. auf Einladung des Papstes nach Italien, wo er Anfang 880 in Ravenna das italienische Königtum empfing. Im Februar 881 wurde er mit seiner Gemahlin Richgarda «mit großem Ruhm» im römischen Petersdom zum Kaiser gekrönt und gesalbt. Dieser Akt könnte aus der Rückschau als zaghafter Beginn einer ostfränkischen Kaisertradition gelten, wenn sie auch noch durch vier Kaiserkrönungen italienischer Herrscher unterbrochen werden sollte. Es führten keine geraden Linien von Karl III. zu Otto dem Großen und seinen Nachfolgern auf dem ostfränkisch-deutschen Thron.

Dynastische Zufälle fügten unter Karl III. das große Frankenreich noch einmal zusammen. Als 885 die westfränkische Karolingerlinie unterbrochen schien, rief der Adel Karl ins Reich. Für drei Jahre versuchte er, in die Fußstapfen seines großen Urgroßvaters zu treten. Die äußeren Bedrohungen durch Normannen und Sarazenen, die gewachsene Selbstständigkeit der Teilreiche und die zunehmende Handlungsunfähigkeit Karls III. erwiesen aber, dass das Rad der Geschichte nicht mehr zurückzudrehen war. Ein Putsch von Karls Neffen Arnulf («von Kärnten») stieß den Kaiser 887 vom Thron. Vergeblich hatte Karl noch versucht, seinen unehelichen Sohn Bernhard oder den 887 von ihm adoptierten Ludwig (später Ludwig III. «der Blinde»), Sohn Bosos und der karolingischen Kaisertochter Irmingard, als Nachfolger durchzusetzen.

888 zerbrach das Frankenreich endgültig in fünf Einheiten. Im ostfränkischen Reich regierten bis 911 zwei letzte Karolinger; dann folgten ein Konradiner (911–918) und die Liudolfinger/Ottonen (919–1024). Im westfränkischen Reich stritt eine in ihrer Rechtmäßigkeit zunächst umstrittene Nachfahrenlinie Ludwigs II. («des Stammlers») für ein ganzes Jahrhundert mit dem neuen Königsgeschlecht der Robertiner/Kapetinger. Es setzte sich 987 endgültig durch und behauptete in männlichen Linien den französischen Thron bis 1789 und nochmals von 1814 bis 1848. In Italien kämpften zwei Könige und ihre Nachfahren um den Vorrang, Wido (von Spoleto) und Berengar (von Friaul). Und im Westalpenraum regierten zwischen 888 und 1032 vier welfische Könige das neu entstandene Königreich Burgund. Die neuen Königsgeschlechter waren im karolingischen Reichsdienst aufgestiegen und leiteten sich teilweise über karolingische Prinzessinnen von Karl dem Großen ab. So setzten sich die Karolinger in einem weiten Verwandtschaftsbegriff einfach fort.

Trotzdem nahmen die Zeitgenossen auch die Brüche wahr. Verwirrende Handlungsketten verwischten klare Entwicklungslinien. Für sich und das ostfränkische Reich behauptete Arnulf den politischen Vorrang. Doch im Kaisertum setzte sich erneut der Herrscher über Italien durch. Nachdem Wido (von Spoleto, † 894) seinen Rivalen Berengar in den nördlichen Adriaraum abgedrängt hatte, ließ er sich von dem zunächst widerstrebenden Papst Stephan V. (885-891) am 21. Februar 891 zum Kaiser krönen. In seinen Urkunden benannte Wido seine Gemahlin Ageltrude als «Kaiserin und Gefährtin unseres Kaisertums» (*imperatrix et consors imperii nostri*). Energisch sicherte er die neue Würde durch die Erhebung seines Sohns Lambert († 898) zum Mitkönig. Im April 892 krönte Papst Formosus (891-896) Lambert in Ravenna zum Mitkaiser; es war die letzte mittelalterliche Kaiserkrönung außerhalb Roms. Vater und Sohn erneuerten das kaiserliche Pactum mit der römischen Kirche.

Nach Widos Tod griff jedoch der ostfränkische König Arnulf in Italien ein, erkämpfte sich den Weg nach Rom, belagerte und eroberte die Stadt und schlug Lambert in die Flucht. Der Fuldaer Annalist stilisierte diesen Sieg seines Herrn zum Befreiungsakt des Papstes, der Arnulf zum Dank im Februar 896 im römischen Petersdom die Kaiserkrönung spendete: «Und so wurde durch Gottes Vorsehung, ohne dass auf Seiten des Königs aus einem so großen Heer einer fiel, die festeste und edelste Stadt, als schon der Abend hereinbrach, mit ruhmreichem Triumph erobert, der Papst zugleich und die Stadt von den Feinden befreit ... Nun empfing der Papst mit der Liebe eines Vaters den König vor dem Paradies an dem Ort, welcher die ‹Stufen des hl. Petrus› genannt wird, und ehrerbietig führte er ihn voll Freude in die Basilika der hl. Apostelfürsten. Indem er nach Sitte seiner Vorfahren zur Kaiser-Weihe die Krone auf sein Haupt setzte, nannte er ihn Caesar Augustus. Nachdem daselbst vielerlei angeordnet war, versprach das ganze Volk der Römer bei dem hl. Paulus eidlich dem Kaiser Treue.»

Arnulfs Erhebung begründete das erste Gegenkaisertum in der abendländischen Geschichte. Doch auf dem Höhepunkt seiner Macht erlitt er einen Schlaganfall mit schweren Lähmungen, die ihn bis zum Tod 899 nahezu handlungsunfähig machten. Schnell brachte man den kranken Kaiser über die Alpen. In

Ostfranken hoch gerühmt, fand Arnulfs Kaisertum in der italienischen Überlieferung fast keinen Niederschlag. Das politische Vakuum in Italien nutzten Kaiser Lambert und König Berengar, die sich 896 vertraglich die Herrschaft teilten. Aber auch nach Lamberts Tod stieg Berengar noch nicht zum Kaisertum auf. Die alten Handlungsgemeinschaften über die vagen Reichsgrenzen behaupteten sich ein letztes Mal, als Ludwig III., der Enkel Kaiser Ludwigs II. und schon Favorit Karls III. für die Nachfolge 887, nach Italien zog. Im Februar 901 empfing er, vermutlich im römischen Petersdom, aus der Hand Papst Benedikts IV. (900–903) die Kaiserkrone. Schon vier Jahre später erfuhr der Kaiser den Wechsel des Glücks. Im August 905 fiel er in die Hände Berengars, der ihn blenden ließ. Als Blinder war der Kaiser amtsunfähig und schied als Akteur im italienischen Kräftespiel aus. In der Provence starb er viele Jahre später, vielleicht 928.

Zehn Jahre nach dem Gewaltakt an Ludwig erntete Berengar seinen Lohn. Ende November oder Anfang Dezember 915 spendete ihm Papst Johannes X. (914–928) im römischen Petersdom die Kaiserkrönung und erhielt sogleich die Bestätigung des kaiserlichen Pactum. In bewegter Zeit fand dieses Kaisertum ein unrühmliches Ende, als Berengar am 7. April 924 in Verona von einem Vasallen ermordet wurde. Das Königreich Italien geriet in heftige Auseinandersetzungen nachkarolingischer Adelsverbände. In ihnen setzten sich verschiedene Könige durch, zunächst Hugo und sein Sohn Lothar († 950) als Nachkommen des lotharingischen Königs Lothar II., dann Berengar II. und sein Sohn Adalbert († 972/975) als Nachfahren Kaiser Berengars I. Das Kaisertum der Karolinger oder Halb-Karolinger blieb aber nach 924 verwaist. Beständig mit der Geschichte des Frankenreichs oder fränkischer Nachfolgereiche verbunden, wurden seit 855 der sichere Besitz Italiens und die Einladung durch den Papst zu den wichtigsten Voraussetzungen für die Kaiserkrönung. Es sollte fast vier Jahrzehnte dauern, bis ein kraftvoller Herrscher diese Kriterien wieder erfüllte.

5 Die neue Mitte
(919–1056)

Nach fast vier Jahrzehnten erneuerte die Kaiserkrönung des ostfränkischen Königs Otto I. am 2. Februar 962 im römischen Petersdom das abendländische Kaisertum. Bis zum Ende des Alten Reichs 1806 blieb die Kaiserkrone mit dem ostfränkisch-deutschen Königtum verbunden. Diese Verknüpfung prägte Kaisertum wie Reich gleichermaßen. Der römische Kaisertitel, seit 982 konsequent in Anspruch genommen, veränderte seit dem 11. Jahrhundert auch den Königstitel. Allmählich, seit Heinrich V. dann systematisch, nannten sich die Herrscher im Land zwischen Alpen und Nordsee, zwischen der Maas im Westen und einer expansiven Ostgrenze «Könige der Römer». Das Imperium stellte ihnen ein verlockendes Potential bereit, das die Entwicklung einer nationalen Monarchie unnötig machte. Über die Jahrhunderte richtete man sich in gesteigerten Ansprüchen ein und bezog den Reichsnamen von der fernen Stadt jenseits der Alpen. Damit konkurrierten eigene und fremde Bezeichnungen, die das Reich in der Mitte Europas aus unterschiedlichen Blickwinkeln als Franken, Sachsen, Germanien, Alemannien, Schwaben benannten. Der deutsche Name kam spät hinzu, eine Bezeichnung für die Sprache, die auf die Menschen und ihre Lande übertragen wurde.

Die Gründertat Ottos I. von 962 warf weite Schatten in die Geschichte der europäischen Reiche und Nationen. Seit 963 präzisierten Päpste und Kaiser ihre konträren Ansprüche in der Welt und auf dem Weg zu Gott. Das Ringen um Gleichrangigkeit, Über- oder Unterordnung brachte dauernden rituellen Wandel in scheinbar gleichen Formen hervor. Aus der Mischung von Konsens und Konflikt zweier universaler Gewalten resultierten beständige Schübe politischer und theoretischer Vergewisserung. Die konsequente Pflege der Spannungen und Widersprüche stellt eine Epochensignatur des europäischen Mittelalters im globalen Vergleich dar. In der Kultur des Zweifelns entstanden dialektisches Denken, Individualität und Säkularisierung.

Ottos Wege zur römischen Kaiserkrönung waren weit. Sein Vater Heinrich I. hatte das Königtum 919 erlangt. Damit verschoben sich die Herrschaftsschwerpunkte im ostfränkischen Reich nach Norden, von den Franken auf die Sachsen. Heinrichs Familie, als Liudolfinger oder Ottonen bezeichnet, wurzelte im Land um den Harz. Ihre großen Erinnerungsorte waren Corvey, Gandersheim oder Quedlinburg, später Magdeburg, Memleben oder Merseburg. Nach 962 setzte hier eine bedeutende Geschichtsschreibung ein, welche die große Gegenwart aus dem Aufstieg des sächsischen Volkes entwickelte. Von Sachsen aus setzte Heinrich sich im ostfränkischen Reich durch und band die Herzöge durch militärische Gewalt und Freundschaftsbündnisse in ein persönliches Beziehungsnetz ein. Glück und Tüchtigkeit des neuen Königs erwiesen sich in wiederholten Siegen über die heidnischen Slawen und Ungarn. Nach solchen Erfolgen gelang 936 die Weitergabe des Königtums an den ältesten Sohn Otto I., in Abkehr vom fränkischen Brauch, das Reich unter alle Söhne zu verteilen. Aachen als Ort von Wahl und Krönung machte den Kontinuitätswillen deutlich. Der neue König orientierte sich programmatisch an Karl dem Großen und setzte damit ein Zeichen in der Konkurrenz der karolingischen Nachfolgereiche.

Mit großer Beharrlichkeit überwand Otto innere wie äußere Feinde, brachte in seinem Reich die monarchische Gestaltungskraft überall zur Geltung und griff wiederholt in innere Zwistigkeiten der westfränkischen, burgundischen und italienischen Nachbarreiche ein. Durch zwei Erfolge 951 und 955 veränderte sich das Ranggefüge der Könige noch mehr.

Der Tod König Lothars 950 hatte in Italien eine Nachkommenlinie Kaiser Berengars auf den Thron gebracht, Berengar II. (von Ivrea) und seinen Sohn Adalbert. Doch auch Otto I. machte im Sinne der fränkischen Handlungsgemeinschaft Ansprüche geltend und zog 951 über die Alpen. Rasch konnte er seine Rivalen vertreiben und selbst die Königsherrschaft antreten; ein formeller Erhebungsakt ist nicht überliefert. Seine Kanzlei griff auf den alten Herrschertitel Karls des Großen zurück und sprach vom «König der Franken und Langobarden» oder vom «König der Franken und Italiener». Erstmals seit 896 waren Ostfranken und Italien wieder unter einer Herrschaft vereint. Eine besondere Legitimation erfuhr dieser Gewaltakt durch die Hochzeit Ottos mit der verwitweten italienischen Königin Adelheid. Ottos erste Gemahlin Edith, eine angelsächsische Königstochter aus Wessex, war 946 verstorben. Die zweite Ehe mit Adelheid, einer burgundischen Königstochter und reichen italienischen Königin, eröffnete Otto die Perspektiven der romanischen Welt. Selbstbewusst agierte Adelheid als Königin wie später als Kaiserin mit und neben ihrem Gemahl. Mit ihr begann die Reihe profilierter Kaiserinnen des 10. und 11. Jahrhunderts mit hohem Einfluss auf die Politikgestaltung. Ihre Bedeutung fand in der Verwendung des älteren italienischen Ehrentitels «Gefährtin im Kaisertum» (*consors imperii*) sinnfälligen Ausdruck.

Ein geplanter Romzug scheiterte 951. Vier Jahre später begründete Otto seinen Ruhm als Heidensieger über die Ungarn. Auf dem Lechfeld bei Augsburg feierten die Völker seines Reichs am 10. August 955 einen gemeinsamen Triumph, der langfristig die Sesshaftwerdung und Christianisierung der aus Asien in Europa eingefallenen Ungarn bewirkte. Die Schrecken auswärtiger Invasionen durch Normannen, Sarazenen und Ungarn gehörten jetzt der Vergangenheit an. Mit der Heiligen Lanze, die einen Nagel vom Kreuz Christi als kostbare Reliquie barg, in der Hand verhieß der König eine glanzvolle Zeit des Friedens. Niemals zuvor, so meldete es der Geschichtsschreiber Adalbert, sei «ein solcher Sieg bei den Unsrigen erhört worden oder geschehen». Widukind von Corvey notierte in seiner Sachsengeschichte: «Eines solchen Sieges hatte sich kein König vor ihm in zweihundert Jahren erfreut.» Damit verblasste selbst der Ruhm Karls des Großen.

Den Erfolg ließ der Chronist in einem besonderen Erhebungsakt gipfeln. Das siegreiche Heer habe Otto, wie einst schon seinen Vater Heinrich nach dessen Ungarnsieg, zum «Vater des Vaterlands und Kaiser» ausgerufen. Die Lesefrucht von der Schilderhebung des antiken römischen Kaisers durch sein Heer entwarf ein neues Modell des Kaisertums, ohne Papst und Rom, allein auf die eigene Leistung gegründet: «Den Kaiser macht das Heer.» Hartnäckig verschwieg Widukind darum die spätere römische Kaiserkrönung durch den Papst, Ausweis sächsischen Selbstbewusstseins vom eigenen Weg an die Spitze der europäischen Völker.

Für das wirkliche Kaisertum brauchte Otto noch fast sieben Jahre und die Einladung des Papstes. 960 führten dessen Boten am ottonischen Hof Klage über Berengar und Adalbert, die Ottos Abwesenheit zum Ausbau eigener Positionen genutzt hatten. Vor dem gefährlichen Zug über die Alpen ließ der Herrscher seinen jugendlichen Sohn Otto II. zum Mitkönig wählen. Das Weihnachtsfest 961 feierte man bereits in Pavia. Dann wurde Otto I. von Papst Johannes XII. in Rom «mit wunderbarer Pracht und ungewöhnlichem Aufwand empfangen und von dem erwähnten obersten Bischof und allgemeinen Papst Johannes zum Kaiser gesalbt» (Liutprand von Cremona).

Aus dieser Zeit haben sich erstmals Ordines erhalten, liturgische Bücher zur zeremoniellen Ausgestaltung einer Kaiserkrönung. Über das ganze Mittelalter wurden diese Ordnungen fortgeschrieben und verändert, in der Dynamik scheinbar gleicher Rituale immer wieder dem gewandelten Herrschaftsverständnis folgend. Fügt man die mehr als 20 Handschriften mit Ordines zur mittelalterlichen Kaiserkrönung bei aller Vielfalt in eine Momentaufnahme, so ergäbe sich für das Hoch- und Spätmittelalter folgender idealer Ablauf: Im Allgemeinen begibt sich der König von seinem Lager auf dem Monte Mario über die Via triumphalis zur Porta Collina bei der Engelsburg. Hier leistet er einen Eid auf die Rechte und Gewohnheiten der römischen Bürger. Klerus und Senatoren von Rom geleiten ihn bis zu den Stufen von St. Peter. Auf der obersten Stufe empfängt ihn der Papst. Ihm leistet der König seit 1111 den Fußkuss, um dann vom Papst als Zeichen der Gleichrangigkeit aus ursprünglicher Unterwerfung erhoben, umarmt und geküsst zu werden. Vor dem

Einzug in die Kirche leistet der Herrscher einen Sicherungseid auf die Rechte und Besitzungen von Papst und römischer Kirche. Dann betritt man unter dem Kyrie eleison den Petersdom. Hier spendet der Kardinalbischof von Ostia dem neuen Kaiser die Salbung am rechten Arm und zwischen den Schulterblättern. Der Übergabe der Herrscherinsignien (Ring, Schwert, Zepter, Krone, Reichsapfel) folgt die Krönung vor dem Mauritiusaltar, später vor dem Hauptaltar; dazu erklingen Lobgesänge auf den Kaiser. Anlässlich seiner Krönung tritt der Kaiser zumeist in die Gemeinschaft der Kanoniker von St. Peter und von St. Johannes im Lateran ein und wird damit zum Bruder der Geistlichen. Seit dem 12. Jahrhundert leistet er nach der Messe öffentlich den Strator- und Marschalldienst. Dabei hilft er dem Papst beim Aufsteigen aufs Pferd, indem er den Steigbügel hält; dann führt er zu Fuß das Pferd des reitenden Papstes ein Stück umher. Beide Dienste drücken die Unterordnung des Knechts unter seinen Herrn aus. Anschließend ziehen Papst und Kaiser reitend von St. Peter quer durch Rom zu St. Johannes im Lateran; im Spätmittelalter spenden die Kaiser besonderen Gefolgsleuten auf der Engelsbrücke den Ritterschlag (1312–1452). Zum Abschluss folgt ein Festmahl im Lateran.

Dieser Ablauf beruhte auf Handlungsanweisungen, die von der Wirklichkeit oft genug überholt wurden. Symbole der Unter- und Überordnung wandelten sich mit dem Rangverhältnis von Kaisern und Päpsten. Der in den Ordines vorgeschriebene Zug von St. Peter zum Krönungsmahl im Lateran konnte zwischen 1084 und 1328 nicht stattfinden, weil die Römer aus unterschiedlichen Gründen rebellierten und blanke Gewalt die Szene beherrschte.

Otto I. musste 962 die Nöte symbolischer Unterordnung offenbar noch nicht aushalten. Im stolzen Wissen um die neue Würde urkundete er fortan als ein «durch göttliche günstige Gnade erhabener Kaiser». Seinen Untertanen zeigte er sich in einem ganz neuen Siegelbild, nicht mehr im Profil wie seine Vorgänger, sondern frontal mit der Krone, das Zepter in der rechten, den Globus (Reichsapfel) in der linken Hand. Die kaiserliche Halbfigur blickte den Betrachter mit weit geöffneten Augen an. In einer weitgehend schriftlosen Gesellschaft vollzog sich im Wandel des Herrscherbilds der Wechsel der Herrschaftspräsentation. Einem kriegerischen König folgte ein repräsentativer Kaiser, der den Betrachter in seinen Bann zog. Der Wechsel des Siegels begründete eine neue Bildtradition in Europa.

Nach den Krönungsfeierlichkeiten vom 2. Februar 962 begann die Ausgestaltung der Kooperation zwischen Kaiser und Papst. Am 12. Februar 962 verkündete Johannes XII. an Klerus und Volk in Sachsen, Gallien, Germanien und Bayern die Beförderung Ottos zur kaiserlichen Würde wegen seiner Siege gegen die Heiden. Der vom Papst bewilligte Aufstieg des Klosters St. Moritz in Magdeburg zum Erzbistum mit dem neu zu gründenden Bistum Merseburg zog sich noch bis 968. Im glanzvoll ausgeschmückten Magdeburger Dom fand Otto I. 973 seine Grablege.

Am 13. Februar 962 stellte der Kaiser dem Papst eine prachtvolle Purpurkunde aus, das «Ottonianum». Sie garantierte den päpstlichen Besitz, wiederholte die Versprechungen der karolingischen Vorgänger Pippin und Karl, regelte die Papstwahl durch Klerus wie Volk von Rom und befahl einen Treueschwur des neuen Papstes gegenüber dem Kaiser vor der päpstlichen Weihe. Das zog den Nachfolger Petri in den Bann kaiserlicher Kirchenpolitik, die sich im Reich nördlich der Alpen in der herrscherlichen Bestellung nahezu aller Erzbischöfe, Bischöfe und Reichsäbte ausgeformt hatte. Der Kaiser band nun auch die Päpste an sich.

Freilich blieb die Loyalität der Päpste nur vergebliche Hoffnung. Im Wichtigsten hatte sich der neue Kaiser getäuscht, in der Zuverlässigkeit Johannes' XII., in der Schwäche seiner Widersacher und in der Treue der Italiener. Diese drei Kontrapunkte erfuhren alle Kaiser der Folgezeit als Herausforderung. Aus nordalpiner Sicht mochte man das als italienischen oder päpstlichen Verrat brandmarken. Tatsächlich spielten sich über die Jahrhunderte politische Konflikte ab, die von weitgehender Sprach- und Verständnislosigkeit geprägt blieben. Die Italienzüge der Kaiser jagten einander, weil nur ostfränkisch-deutsche Gewalt für kurze Zeit Ruhe brachte. Damit wuchsen italienische Traumata, denn ein wirkliches Zusammenspiel der Interessen gelang selten. Ottos Erfahrungen fingen wie im Brennspiegel alle mittelalterlichen Gegensätze ein: das Kaisertum als vermeintliche Ordnungsmacht ohne jedes Verständnis für regionale Befindlichkeiten, die Grenzen der Machbarkeit ohne Waffengewalt, gedankliche Überhöhungen und reale Gewöhnlichkeiten.

Kurz: Johannes XII. bereute den kurzen Flirt mit dem neuen Kaiser und förderte bald dessen Feinde. Tief enttäuscht ließ Otto I. den Papst 963 wegen Treulosigkeit absetzen und Leo VIII. (963-965) zum neuen Papst erheben. Hier wie später offenbarte die Namenswahl des Papstes ein Programm. Leo VIII. orientierte sich an Leo III., dem Urheber des abendländischen Kaisertums. Doch die Römer holten Johannes XII. zurück und wählten nach seinem Tod Benedikt V. (964-966) zum Papst. Als Otto Rom mit seinen Truppen blutig eroberte, verbannte er den königlichen Rivalen Berengar mit Gemahlin und ihren Papst Benedikt ans Ende der Welt, nach Bamberg und nach Hamburg an die östlichen wie nördlichen Grenzen des Reichs. Nur mit den Waffen des Kaisers vermochte sich der neue Papst Johannes XIII. (965-972) zu behaupten.

Solch kurzatmige Wechsel überdeckten die eigentliche Ungeheuerlichkeit. In der Nachfolge des Apostels Petrus, die nicht arm an Turbulenzen war, hatte erstmals ein Kaiser durch eine Synode einen Papst absetzen lassen und römische Widerstände gegen die unerhörte Gewalttat gebrochen. Ostfränkische Chronisten sonnten sich zwar in der Gerechtigkeit ihres Herrschers. Nach kirchlichem Recht, das nur Gott als Richter über den Papst vorsah, geschah 963 dagegen ein Unrecht. Nie mehr löste sich das päpstlich-kaiserliche Verhältnis des Mittelalters von diesem Eingriff. Den einen bedeutete er die höchste Sünde, den anderen die vollendete Gerechtigkeit.

Ottos Kaisertum hatte den byzantinischen Basileus herausgefordert. Als Otto während seines dritten Italienzugs (965-972) 967 sogar nach Capua und Benevent ins byzantinische Einflussgebiet aufbrach, verschärfte sich die Konkurrenz. Erst ein politischer Wechsel in Byzanz brachte Ruhe. Der neue Kaiser

Johannes Tzimiskes (969–976) war sogar bereit, einer ottonischen Delegation seine Nichte Theophanu als Braut für den Sohn des Kaisers mitzugeben.

Otto I. hatte für dieses Heiratsbündnis viel investiert. Seit 967 teilte er nach der königlichen auch die kaiserliche Würde mit Otto II. Adalberts Annalen wissen vom großen «Jubel unter den Unsrigen wie unter den Römern über die hoch erfreuliche Vereinigung der beiden Kaiser mit dem Papst». Die Kaiserkrönung erfolgte durch Papst Johannes XIII. am 25. Dezember 967 im römischen Petersdom. An Ostern 972 empfing der Mitkaiser seine byzantinische Braut in Rom, keine im Purpur geborene Kaisertochter wie erhofft, aber doch wenigstens eine Prinzessin, die im Westen für einen schönen Kulturtransfer aus dem Osten sorgte. Bei der Hochzeitsfeier krönte Papst Johannes XIII. die neue Kaiserin. Die Ehe löste Spannungen zweier Jahrhunderte auf. Darum zelebrierte die ottonische Kanzlei das Ereignis auf einer einzigartigen Heiratsurkunde beider Kaiser für Theophanu, illuminiert, mit goldener Schrift auf Purpur, an Glanz allein mit dem «Ottonianum» vergleichbar.

Erst 972 begab sich Kaiser Otto I. zum Sterben wieder in die Heimat. Nach manchen Repräsentationsakten an den Orten seiner Vorfahren zog er nach Memleben, an den Sterbeort seines Vaters. Hier vollendete er am 7. Mai 973 sein Leben, um sein Grab in Magdeburg zu finden. Wenige Jahrzehnte später wusste Bischof Thietmar von Merseburg in seiner Chronik: «Seit Karl dem Großen hat auf dem Königsthron kein gleichbedeutender Herrscher und Verteidiger unseres Vaterlandes gesessen.» Das Herrscherlob gipfelte in der Erinnerung: «In seinen Tagen brach die goldene Zeit an.»

Mitkönigtum und Mitkaisertum des Sohns hatten den reibungslosen Übergang der Herrschaft gesichert. Otto II. (973–983) musste freilich die Größe des Vaters aushalten. Die Grenzen der Belastbarkeit zeigten sich bald. Nur mit Mühe entging das Kaiserpaar 978 einem Überfall des westfränkischen Königs Lothar auf Aachen. Zum Zeichen seiner Ansprüche drehte der Nachfahre Karls des Großen das Adlerdenkmal auf der traditionsreichen Kaiserpfalz um. Ein Feldzug des Kaisers ins byzantinisch beansprucht, von Sarazenen beherrschte Süditalien endete 982 in einer militärischen Katastrophe. In der Rangkonkurrenz mit dem östlichen Kaisertum entwickelte die Kanzlei Ottos II. nach früheren Versuchen im März/April 982 den neuen Herrschertitel «Kaiser der Römer». Er brachte fortan die römischen Fundamente der westlichen Kaiserwürde programmatisch zum Ausdruck. Das von vielen Siegen verwöhnte ottonische Heer erlitt dagegen am 13. Juli 982 im süditalienischen Columna Regia gegen sarazenische Truppen eine furchtbare Niederlage. Schließlich brach im Sommer 983 an der sächsischen Ostgrenze ein gewaltiger Aufstand tributpflichtiger Slawen aus. Er machte die Herrschaftssicherung und Mission zweier Generationen zunichte. Mit Zukunftsängsten betrieb der Kaiser von Italien aus die Königswahl seines erst dreijährigen Sohns Otto III. Am 7. Dezember 983 starb Otto II. in Rom. Als einziger Kaiser fand er sein Grab im römischen Petersdom.

Mutter und Großmutter sicherten mühsam die Nachfolge des königlichen Kinds. 990 urkundete Theophanu nicht nur als Kaiserin, sondern auch mit dem männlichen Titel «Kaiser von göttlicher Gnade». Als Otto III. mit 14 Jahren seit 994 selbstständig herrschte, entfaltete er eine erstaunliche Dynamik. Von einem illustren Kreis berühmter Lehrer aus vielen Teilen der christlichen Welt erzogen, übertraf er seine Vorgänger an Bildung und kultureller Vielfalt. Wieder warb man für ihn um eine byzantinische Kaisertochter als Braut. Auf einen Hilferuf des Papstes Johannes XV. trat der König 996 seinen Italienzug zur Kaiserkrönung an. Als er Rom erreichte, war der Papst verstorben. Das gab dem künftigen Kaiser Gelegenheit zum personellen Zugriff. Selbstbewusst betrieb er die Papstwahl seines Hofkaplans und Vetters Brun, der als erster «deutscher Papst» den Namen Gregor V. (996–999) annahm. Sogleich krönte er Otto III. am Himmelfahrtstag, dem 21. Mai 996, zum Kaiser. Der 16-jährige Jüngling trug bei der Zeremonie einen Mantel mit Darstellungen aus der Apokalypse des Johannes. Das letzte Buch des Neuen Testaments wurde Programm für ein Kaisertum am Ende des ersten christlichen Jahrtausends. Nach dem Tod Gregors V. machte Otto III. seinen Lehrer Gerbert als Silvester II. (999–1003) zum neuen Papst. Der Großvater Otto I. hatte als erster Kaiser für die Absetzung eines Papstes gesorgt, sein Enkel behandelte das Papsttum wie ein Bistum seines Reichs.

Wie einst Kaiser Konstantin der Große und Papst Silvester I. wollten Kaiser Otto III. und Papst Silvester II. ordnen und regieren: «Unser, unser ist das römische Reich», schrieb Gerbert an den Kaiser. Rom als Haupt der Welt wurde jetzt zum Ziel kaiserlicher Sehnsüchte. Für Bischof Leo von Vercelli bedeuteten Papst und Kaiser die beiden Himmelslichter, durch die das christliche römische Reich in seiner Weltherrschaft wieder erstrahlte. Das Neue schlug sich im Oktober 997 in einem neuen Siegel nieder: der Kaiser als Ganzfigur majestätisch auf einem breiten Thron, auf dem Haupt eine Plattenkrone, in den beiden erhobenen Händen ein Stabzepter und den mit einem Kreuz geschmückten Globus. Dieses erste Thronsiegel bestimmte die Zukunft der europäischen Herrschaftspräsentation.

Doch der Widerstand der Römer störte den Glanz. Gegen den kaiserlichen Papst erhoben sie ihren Gegenpapst Johannes XVI. Ottos Strafgericht beim zweiten Italienzug hätte grausamer kaum sein können. Nach der militärischen Einnahme Roms wurde das Stadtoberhaupt Crescentius mit zwölf Anhängern als Majestätsverbrecher auf den Zinnen der Engelsburg öffentlich enthauptet. Den Gegenpapst Johannes verstümmelte man an Augen, Nase, Zunge und Ohren, riss ihm die Kleider vom Leib und jagte ihn rücklings auf einem Esel sitzend durch die Straßen Roms. Solche kaiserliche Grausamkeit ließ keine Liebe erstehen. Den selbstbewussten Deutschen wurden die Römer zu unberechenbaren Verrätern. Und den selbstbewussten Römern erschienen die Kaiser mit ihren Heeren als Barbaren aus dem Norden. Später schlich sich das antike Wort vom «teutonischen Schrecken» (*furor teutonicus*) wieder in die Texte.

Dem stellte Otto III. eine sublime imperiale Repräsentationskultur entgegen. Wie die Päpste ließ er seit 998 Metallsiegel (Bullen) für seine Urkunden verwenden, auf der Vorderseite den Kaiser in antikisierender Präsentation, auf der Rückseite die Waffen tragende Roma als Allegorie der Macht. «Erneuerung der Kaiserherrschaft der Römer» (*Renovatio imperii Romanorum*) – das war die neue Devise. Auf dem altrömischen Palatin entstand ein neuer kaiserlicher Palast. Die Absicht des Kaisers zum längeren Verweilen in Rom löste höchste Bestürzung aus. Vermutlich präsentierte man dem Kaiser damals die so genannte «Konstantinische Schenkung» (*Constitutum Constantini*), eine vielleicht um 830 im Frankenreich gefälschte Urkunde Kaiser Konstantins des Großen für Papst Silvester I. Bei der Verlegung der Hauptstadt von Rom nach Konstantinopel, so machte der Text glauben, habe der Kaiser dem Papst Rom mit den westlichen Provinzen geschenkt. Die Stadt der Apostelfürsten sollte fortan nicht mehr durch profane kaiserliche Herrschaft befleckt werden. Mit dieser Herausforderung setzte sich Otto III. in einer eigenen Urkunde auseinander. Sie bestritt die Gültigkeit des *Constitutum Constantini* und benannte Rom als «unsere königliche Stadt». Trotz der Verderbtheit der Päpste förderte der Kaiser den Apostel Petrus aus eigener Machtvollkommenheit durch die Schenkung von acht Grafschaften.

Die Daheimgebliebenen formten im Reich nördlich der Alpen den neuen kaiserlichen Glanz in Bildern und Geschichten. Otto hätte, so erzählte es Bischof Thietmar von Merseburg, «alte Gewohnheiten der Römer» erneuert und nach byzantinischer Kaisersitte ganz allein an einem halbkreisförmigen, erhöhten Tisch gespeist. Maler in klösterlichen und bischöflichen Schreibschulen fingen die sakrale Würde ihrer Herrscher in besonderen Herrscherbildern ein. Die Könige und Kaiser überragten ihre Getreuen oder huldigende Gestalten. Sie empfingen ihre Kronen direkt von Gott, von Christus oder von den Apostelfürsten. Dieser exklusive Kontakt zum Göttlichen verschaffte ihnen in liturgischer Erinnerung Anteil an der himmlischen Sphäre.

Zum Jahr 1000 setzte Otto III. seinen kaiserlichen Auftrag im Dienst an Christus durch eine fromme Pilgerfahrt nach Gnesen und durch die Öffnung der Gruft Karls des Großen in der Aachener Marienkirche in Szene. Der Grabkult am großen Vorgänger verband sich mit dem Modell gesteigerter kaiserlicher Herrschaft über die entstehenden christlichen Königreiche in Ungarn und Polen. Das ostfränkisch-deutsche Reich fand damit erste Grenzen seiner latenten Ostexpansion und rückte in eine neue Position der Mitte ein. Vielleicht dachte man wie in Byzanz an eine Familie der Könige unter dem Kaiser? Auf der Pilgerfahrt experimentierte die Kanzlei mit neuen Herrschertiteln: «Otto der Dritte, Knecht Jesu Christi (*servus Iesu Christi*), erhabener Kaiser der Römer durch den Willen Gottes, des Erlösers und unseres Befreiers.»

Auf hochfliegende Hoffnungen folgten harte Ernüchterungen. Die Römer widersetzten sich 1001 erneut ihrem Kaiser. Auf der Flucht aus Rom starb Otto III., das «Wunder der Welt», am 23. oder 24. Januar 1002 in Paterno, nur 21 Jahre alt. Auf die Meldung vom Tod kehrte die gerade aus Byzanz gekommene Braut wieder nach Hause zurück. Die Erschütterung der Zeitgenossen hielt Brun von Querfurt fest: «Ach bittrer Tod, unzeitiger Tod, der damals auf der ganzen Erde Blumen sammelte, aber nicht eine, die schöner war!» In Italien setzte dieser Tod dagegen ungezügelte Emotionen gegen die ottonische Herrschaft frei. Nur mühsam gelang die Überführung der Leiche über die Alpen. Oberitalien versank im Aufruhr. Ottos Kaisertum in der Mitte des Mittelalters hatte die Grenzen imperialer Konzepte und ostfränkisch-deutscher Unterdrückungspotentiale deutlich gemacht. Für einige Jahre ging das Reich südlich der Alpen seine eigenen Wege. Rom blieb den Kaisern künftig bloßer Kraftquell ihrer Legitimation und nicht mehr Lebensort ihrer Herrschaft.

Mit dem Tod Ottos III. fand die Linie der Ottonen ihr Ende. In zwei dynastischen Brüchen 1002 und 1024 formte sich die Königswahl im ostfränkisch-deutschen Reich weiter aus. Die nächsten Herrscher, Heinrich II. (1002–1024) aus einer liudolfingischen Nebenlinie und Konrad II. (1024–1039) als Stammvater des salischen Kaisergeschlechts, sicherten sich ihre monarchische Gewalt bei Verschiebung räumlicher Schwerpunkte. Die neu gegründete Bischofskirche von Bamberg bot dem Kaiserpaar Heinrich II. und Kunigunde, die neu errichtete Bischofskirche von Speyer allen vier salischen Kaisern die Grablege.

In den Spuren der Vorgänger unterwarf Heinrich II. vor allem die Bischofskirchen und Reichsabteien seinem gestaltenden

Willen. Das Reich sollte zum Haus Gottes werden. Nach außen tat sich Heinrich schwerer. Zwei Herrschertreffen mit König Robert II. von Frankreich betonten demonstrativ die Gleichrangigkeit. Versuche, den polnischen Herrscher zu unterwerfen, misslangen. Dafür zog Heinrich II. langsam das Königreich Burgund in seinen Bannkreis. Als dort der letzte welfische König starb, erntete Heinrichs Nachfolger Konrad II. die Früchte dieser Politik. 1032/33 fiel Burgund an die deutschen Könige, die fortan über drei Königreiche herrschten: Deutschland, Italien, Burgund. Noch Friedrich I. Barbarossa und Karl IV. ließen sich 1178 und 1365 in Arles zu Königen von Burgund krönen.

Nur mit Mühe gelang dagegen die Behauptung in Italien. Bischof Leo von Vercelli, schon ein treuer Parteigänger Ottos III., rief Heinrich II. in den Süden: «Heinrich, laufe, eile, alle warten auf Dich!» Doch das war übertrieben, denn 1002 hatte sich Arduin (von Ivrea) als König von Italien etabliert und die ottonische Herrschaft fürs Erste beendet. Auf einem Italienzug ließ sich Heinrich II. zwar am 14. Mai 1004 vom Erzbischof von Mailand in Pavia zum König der Langobarden krönen, vermochte sich aber im Süden nicht zu behaupten. Erst ein Papstschisma von 1012 spielte ihm das Heft des Handelns in die Hand. Eingeladen von Papst Benedikt VIII. (1012–1024) zog Heinrich im Herbst 1013 über die Alpen, feierte das Weihnachtsfest in Pavia und empfing mit seiner Gemahlin Kunigunde am 14. Februar 1014 im römischen Petersdom Salbung und Krönung. Beim Empfang hatte ihm Papst Benedikt VIII. einen kostbaren, mit einem Kreuz geschmückten Reichsapfel übergeben, das Symbol der christlichen Weltherrschaft.

Die zukunftsträchtige Mischung von feierlicher Krönung und blutigen Auseinandersetzungen zwischen Deutschen und Römern hielt Thietmar von Merseburg fest: «Am Sonntag, dem 14. Februar, begab sich der von Gottes Gnade ruhmwürdige König Heinrich mit seiner geliebten Gemahlin Kunigunde zur Kirche St. Peter, wo ihn der Papst erwartete; ihn umgaben zwölf Senatoren, von denen sechs nach geheimnisvollem Brauch rasiert, die anderen mit wallendem Bart auf Stäbe gestützt einher schritten. Bevor man ihn einließ, legte ihm der Papst die Frage vor, ob er ein verlässlicher Schirmer und Schützer der römischen Kirche sein wolle, ihm und seinen Nachfolgern in allem getreu; das bejahte er mit demütigem Bekenntnis. Daraufhin empfing er mit seiner Gemahlin durch den Papst Salbung und Krone. Seine frühere Krone aber ließ er über dem Altar des Apostelfürsten aufhängen. Am gleichen Tag gab ihm der Papst im Lateran ein glänzendes Festmahl. Acht Tage später jedoch entstand zwischen den Römern und den Unsrigen ein heftiges Handgemenge an der Tiberbrücke, in dem auf beiden Seiten nicht wenige fielen; erst die Nacht trennte sie schließlich.»

Noch ein Jahr brauchte der «größte und göttliche Augustus», der «klügste der Könige und strahlendste Kaiser» (Abt Odilo von Cluny), bis er sich endgültig in Italien durchgesetzt hatte. 1015 gab König Arduin auf und trat in ein Kloster ein. Die Kooperation zwischen Kaiser und Papst fand während einer Reise Benedikts VIII. 1020 nach Bamberg und Fulda sinnfälligen Ausdruck, dem ersten Zug eines Papstes ins Land nördlich der Alpen seit 799 und 833. Die gegenseitigen Ehrerbietungen fanden ihre Höhepunkte, als der Papst im Bamberger Dom das Osterfest zelebrierte, eine Woche später das Bamberger Kollegiatstift St. Stephan weihte und die kaiserliche Stiftung des Bistums Bamberg bestätigte. Der Kaiser erneuerte und vermehrte in einer großen Schutzurkunde (*Heinricianum*) die Versprechungen seiner Vorgänger an die römische Kirche und fügte das Kloster Fulda hinzu.

Solche Ehrungen steigerten das imperiale Selbstbewusstsein. Zwei Urkunden wurden von der kaiserlichen Kanzlei mit goldenen Metallsiegeln versehen. Eines hat sich an der Bestätigungsurkunde für das Benediktinerinnenkloster Göß (heute Leoben/Steiermark) erhalten, die erste überlieferte Goldbulle eines mittelalterlichen Kaisers. Mit dem Papst war der apulische Fürst Ismahel/Melus nach Bamberg gekommen. Er stiftete dem Kaiser den im Bamberger Domschatz erhaltenen Sternenmantel mit der rühmenden Umschrift: «Oh Zierde Europas, Kaiser Heinrich, selig bist Du; Deine Herrschaft mehre Dir der König, der herrscht in alle Ewigkeit.» Ziel solcher Schmeicheleien war die Aufforderung zu einem Zug nach Süditalien. Er führte

Heinrich II. 1021/22 bis nach Troia in Nordapulien und nach Montecassino. Doch die kaiserliche Autorität vermochte sich dort nicht zu behaupten, so dass diese Militäroperationen auch die erlöschende Expansionskraft des Imperiums spiegelten.

Die Kaiserkarriere des Nachfolgers verlief zügiger. Konrad II. (1024–1039) wurde 1024 deutscher König, 1026 König der Langobarden, am Osterfest (26. März) 1027 mit seiner Gemahlin Gisela von Papst Johannes XIX. im römischen Petersdom zum Kaiser gekrönt, am 2. Februar 1033 König von Burgund. 1026 ließ Konrad seinen Sohn Heinrich III. zum Nachfolger designieren, 1028 machte er ihn zum Mitkönig im deutschen Reich, 1038 in Burgund. Nur ein einziges Mal, zur Kaiserkrönung, hielt sich Konrad II. für drei Wochen in Rom auf. Dafür hatte er allerdings zwei veritable Könige mitgebracht. Der nordische Großkönig Knut von Dänemark und England sowie König Rudolf III. von Burgund assistierten bei der Kaiserkrönung. Für seinen Biographen Wipo war Konrad «das Haupt der Welt» (*caput mundi*). Während es am Krönungstag zwischen den Erzbischöfen von Mailand und Ravenna zu einem harmlosen Streit kam, wer den König in den Petersdom führen dürfe, brachen bald die üblichen blutigen Auseinandersetzungen zwischen Deutschen und Römern aus. Die vielen Toten rächte der Kaiser und zwang die Römer zu einer Bußprozession mit nackten Füßen, die Freien mit entblößten Schwertern, die Knechte mit Stricken um den Hals, bereit, die verdiente Todesstrafe zu empfangen. Doch die Gnade des Kaisers schenkte Vergebung.

War Rom auch fern, spielte die Rom-Idee eine wachsende Rolle. Das zweite kaiserliche Metallsiegel trug die Umschrift: «Rom, das Haupt der Welt, regiert die Zügel des Erdkreises» (*Roma caput mundi regit orbis frena rotundi*). Als Begründer eines neuen Kaisergeschlechts trug der Salier Sorge für die Sammlung der Reichsinsignien. Die Heilige Lanze mit einem Nagel vom Kreuz Christi hatte schon unter den ottonischen Vorgängern eine herausragende Rolle gespielt. Für sie stiftete Konrad II. das Reichskreuz als kostbares Behältnis. Wenn es dem Kaiser in feierlicher Prozession voran getragen wurde, sahen die Menschen die mit Edelsteinen besetzte Vorderseite; der Herrscher erblickte auf der Rückseite das Lamm Gottes mit den Aposteln und den Evangelistensymbolen. Der einzigartigen achteckigen Plattenkrone, deren Entstehungszeit umstritten ist, könnte Konrad II. den Bügel mit der Perleninschrift «Konrad durch Gottes Gnade Kaiser der Römer» hinzugefügt haben. Hier wie in dem berühmten Ausspruch, dass das Reich beim Tod des Königs nicht untergehe, trat die Idee eines transpersonalen Herrschaftsverbands immer deutlicher hervor.

Heinrich III. (1039–1056) perfektionierte ein Herrschaftssystem, in dem der Kaiser Gottes Willen auf Erden umsetzte. Der monarchische Zugriff auf die geistliche Amtsgewalt schlug sich in Symbolakten nieder. Bei der Einsetzung zum Erzbischof, Bischof oder Abt überreichte der Herrscher seinen Kandidaten Ring und Stab, den Ring als Zeichen der Vermählung mit der Kirche, den Stab als Zeichen geistlicher Leitungsgewalt. Noch nahm man keinen Anstoß daran, dass der König in die geistliche Welt eingriff. Doch aus der Rückschau lassen sich erste Risse in dieser perfektionierten Verknüpfung von Königtum und Kirche ausmachen. Als Höhe- wie Endpunkt gelten die energischen Zugriffe auf das Papsttum. Seit 1046 wurde es nicht nur wie ein Reichsbistum behandelt, sondern auch mit Reichsbischöfen besetzt.

Als Heinrich III. 1046 zur Kaiserkrönung zog, stritten gleich drei italienische Päpste um die Nachfolge des Apostels Petrus. Dieses Schisma ließ der König auf Synoden von Sutri und Rom verhandeln und alle drei Päpste absetzen. An Weihnachten 1046 mussten die Römer den vom König mitgebrachten Bischof von Bamberg zum Papst wählen. Er nannte sich Clemens II. und spendete vermutlich im Petersdom seinem Förderer Krönung und Salbung zum Kaiser. Mit Clemens II. (1046–1047) begann eine Reihe kurzlebiger Päpste aus dem deutschen Reich. Nacheinander beförderte der Kaiser den Bischof von Brixen als Damasus II. (1047–1048) und den Bischof von Toul als Leo IX. (1049–1054) zu Päpsten. Unter Leo hielten die Ideen der lothringischen Kirchenreform Einzug an der Kurie. Aus diesem Umfeld gingen mit Viktor II. (1055–1057) und Stephan X. (1057–1058) zwei weitere Päpste hervor. Vom Kaiser als Motor der Kirchenreform im Sinne einer Reichsreform befördert, löste sich das päpstliche Amt aus dem Einflussbereich römischer Clans und gewann an moralischer wie intellektueller Autorität. 1054 kam es im theologischen Streit wie im Ringen zwischen Papst und Patriarch von Konstantinopel um die Führung der Christenheit zum endgültigen Bruch mit der Ostkirche. Dem Zerfall kaiserlicher Einheit entsprach die theologische Entzweiung der christlichen Kirchen.

1056 starb Heinrich III. unerwartet. Die Kaiserwitwe Agnes und Papst Viktor II. ebneten gemeinsam den Weg des erst sechsjährigen Heinrich IV. zur Herrschaft. Niemand ahnte, dass eine Ära zu Ende ging, in der sich die Päpste den Kaisern untergeordnet hatten. Die Zukunft gehörte dem Kampf um Emanzipation und schließlich um den Vorrang in der Welt.

6 Die zerrissene Einheit (1056–1137)

In der zweiten Hälfte des 11. Jahrhunderts entwickelten die Päpste ein neues Selbstbewusstsein von Amt und Autorität in Kirche und Welt. Die Konflikte mit den Königen und Kaisern bildeten eine Wendezeit der europäischen Geschichte. Die gängige Epochenbezeichnung Investiturstreit trifft den Kern der Auseinandersetzungen nicht. Es ging nämlich nicht allein um die Frage, ob die europäischen Könige wie bisher Bischöfe oder Äbte investieren (einsetzen) durften. Vielmehr gerieten alle bisherigen Gewohnheiten und das Gefüge geistlicher wie weltlicher Gewalten auf den Prüfstand. In 81 Jahren zwischen dem Tod Heinrichs III. 1056 und dem Tod Lothars III. 1137 wurde die alte Einheit der frühmittelalterlichen Welt entzaubert. Die Konjunktur des Zweifelns brachte neue Formen des Denkens und des Lebens hervor. Mit dem sozialen Wandel, in dem Städte entstanden und Hierarchien zerbrachen, gingen neue religiöse Bewegungen, die Ausformung der scholastischen Philosophie und die Entwicklung der Universitäten einher. Alte Legitimationsmuster der Könige verloren ihre Kraft. Unter der wachsenden Autorität der Kirche begann die europäische Christenheit siegessicher das Abenteuer der Kreuzzüge, das nach Anfangserfolgen zum grausamen Scheitern dieser ersten europäischen Globalisierung führte.

Am Anfang standen Ideen. Aus ihnen wuchsen Forderungen. Dann kamen die Konflikte. Sie wurden nicht systematisch, sondern durch Erschöpfung der Streitparteien in Kompromissen gelöst. Dabei veränderten sich Kaisertum und Papsttum. Zu Beginn hatten sich beide noch gemeinsam um die Reform von Kirche und Reich bemüht. Daraus entstand die Forderung nach Freiheit der Kirche (*libertas ecclesiae*). Zur inneren Reinigung verboten die Reformer die üblichen Priesterehen und schärften das Zölibat ein. Zur Abwehr äußerer Zugriffe präzisierten sie das Verbot des geistlichen Ämterkaufs, einer durchaus üblichen Praxis. Mit Hinweis auf eine Episode in der Apostelgeschichte des Neuen Testaments wurde das jetzt zur Sünde. Simon Magus wollte von den Aposteln vergeblich geistliche Heilkraft für Geld kaufen (Apg. 8); er lieh dem Vorwurf der Simonie seinen Namen. Bald brandmarkten Kirchenreformer jede weltliche Verfügung über geistliche Ämter als Simonie. Damit stand das Herrschaftsgefüge der christlichen Reiche zur Disposition. Die Könige hatten den Bistümern und Abteien seit langem wichtige Hoheitsrechte übertragen und verlangten dafür Dienste. Ihre Ableistung musste durch den personellen Zugriff auf die kirchlichen Ämter sichergestellt werden. Was über Jahrzehnte richtig war, galt jetzt als Todsünde.

Solche Lehren formten sich im dritten Viertel des 11. Jahrhunderts im Umkreis der römischen Päpste aus. Von ihnen kamen nun die entscheidenden Impulse zur Reform der Kirche und zur Entscheidung in theologischen Debatten. Aus ihrer Amtstradition besannen sich die Päpste auf ihre Lehrautorität. Nach strittiger Papstwahl erließen Papst Nikolaus II. (1058–1061) und eine Synode 1059 ein Dekret über die Ordnung der Papstwahl. Die schuldige Ehre und Ergebenheit gegenüber König Heinrich IV. (1056–1106) wurde zwar ausdrücklich vermerkt. Künftig sollte die Wahl der Päpste aber vor allem den Kardinälen der römischen Kirche zustehen. Langsam löste sich das höchste Amt der westlichen Christenheit aus dem personellen Zugriff der Kaiser und Könige. Prägnant goss Papst Gregor VII. (1073-1085) seine Ansprüche in Kirche und Welt in die 27 Lehrsätze seines *Dictatus papae*. Der Papst als Nachfolger des Apostelfürsten Petrus und die römische Kirche als Mittlerin zwischen Gott und den Menschen wurden zu letztgültigen Entscheidungsinstanzen in Kirche und Welt. Aus heilsgeschichtlicher Notwendigkeit mussten sich Kaiser und Fürsten dieser Autorität beugen.

Der Streit zwischen Papst Alexander II. (1061-1073) wie seinem Nachfolger Gregor VII. einerseits und König Heinrich IV. mit seinem Hof andererseits entbrannte vordergründig um die Besetzung des Erzbistums Mailand. Ganz selbstverständlich nahm der König dort die Personalentscheidung in Anspruch. Seinen Gegnern galt er darum als Simonist. Der salische Hof hatte den stringenten Argumentationen der Kurie wenig Brillanz entgegenzustellen. In den Kämpfen der Folgezeit beriefen sich Heinrich IV. und sein Sohn Heinrich V. (1106-1125) zumeist auf das bewährte Herkommen. Ihre Herrschaft leiteten sie nicht von den Päpsten, sondern direkt aus der Gnade Gottes, aus väterlicher Erbfolge und Wahl der Fürsten ab.

Nach turbulenten Anfängen wurde bald der ausgeprägte Durchsetzungswille Heinrichs IV. deutlich. In den beständigen Konflikten seines Lebens vermochte er sich nicht oft auf den Konsens seiner Fürsten zu stützen. Heinrich IV. war ein Individualist, für manche sogar ein Autist der Macht. Von seiner ersten Frau Bertha wollte er sich eigentlich rasch scheiden lassen. Seine zweite Gemahlin Praxedis flüchtete vor ihm und erhob unerhörte Vorwürfe über sexuelle Verfehlungen. Beide Söhne bekriegten nach ihrer Erhebung zu Mitkönigen den Vater, der nach fünfzigjähriger Königsherrschaft 1106 immer noch kämpfte und in Lüttich einen einsamen Tod fand.

Die Konfrontation zwischen Heinrich IV. und Papst Gregor VII. eskalierte zwischen Weihnachten 1075 und Januar 1077. Gerade hatte der König durch die Erhebung seines kleinen Sohns Konrad zum Mitkönig die Dynastie gesichert, als ihn ein päpstlicher Brief mit dem Befehl zum Gehorsam erreichte. Im Vertrauen auf die Geschlossenheit von Bischöfen und Fürsten hielt Heinrich am 24. Januar 1076 in Worms einen Hoftag ab. 26 Bischöfe kündigten dem Papst ihren Gehorsam auf und fochten die Rechtmäßigkeit seiner Wahl an. Mit markigen Worten formulierte Heinrich die Absetzung des Papstes: «Auf Grund des Patriziats über die Stadt Rom, der mir als von Gott gewährt und infolge der beschworenen Zustimmung der Römer zusteht, befehle ich dir, vom Thron herabzusteigen.» Wenige Wochen später spitzte die salische Kanzlei diese Forderung propagandistisch zu: «Ich Heinrich, durch die Gnade Gottes König, sage dir zusammen mit allen meinen Bischöfen: Steige herab, steige herab.»

Den Gegenschlag inszenierte Gregor VII. auf der römischen Fastensynode 1076. Er untersagte allen deutschen Bischöfen die Ausübung ihres Amts, räumte aber eine Frist zur Umkehr ein. Die italienischen Bischöfe wurden sogleich exkommuniziert. In einem Gebet am Petrusgrab entzog der Papst dem König die Leitung des Reichs, löste alle Christen von ihrem Treueid und verhängte den Kirchenbann. Rasch brach Heinrichs stolze Position im Reich zusammen. Nur mit Mühe konnte er die Wahl eines neuen Königs durch sein Versprechen an die Fürsten hinauszuzögern, sich binnen Jahresfrist vom Bann zu lösen. Darum trat der König im Winter 1076/77 seinen berühmten Bußgang zur Burg Canossa an. Demütig flehend nötigte er im Januar 1077 dem Papst die Wiederaufnahme in die Gemeinschaft der Gläubigen ab.

Die Begegnung der beiden Männer hatte ihren Konflikt nur für den Augenblick entschärft. Die deutschen Fürsten erhoben 1077 und 1081 mit Rudolf (von Schwaben) und Hermann (von Luxemburg) zwei Gegenkönige. 1080 wurde Heinrich IV. erneut gebannt. Überall im Reich bildeten sich unter den Anhängern des Saliers oder der Reformer Fraktionen. Ein Augsburger Annalist stöhnte: «Oh beklagenswertes Aussehen des Reichs! Wie in einer Komödie zu lesen ist ‹Alle sind wir verdoppelt›, so sind die Päpste verdoppelt, die Bischöfe verdoppelt, die Könige verdoppelt, die Herzöge verdoppelt.»

Im Kampf der Waffen, der Symbole und der Worte mobilisierten die Reformpäpste die europäische Öffentlichkeit gegen das Reich. Gregor VII. traf den Nerv des politischen Selbstverständnisses, als er Heinrich König der Deutschen, sein Reich deutsches Reich nannte. Von der Höhe des römisch-universalen Anspruchs schien die Monarchie in die Normalität der europäischen Nationen zu stürzen. Das konnte Heinrich nicht akzeptieren. Auf einer Synode in Brixen ließ er Gregor VII. erneut absetzen und den Erzbischof von Ravenna zum Gegenpapst erheben. Seine Namenswahl war wiederum Programm: Clemens III. (1080-1100). Heinrich III. hatte 1046 Clemens II. gegen drei römische Päpste erheben lassen und von ihm sogleich die Kaiserkrönung erhalten. Doch so einfach wiederholten sich 34 Jahre später die Dinge nicht.

Bei seinem Italienzug 1081 kam Heinrich IV. zwar zügig bis vor die Tore Roms. Aber die Eroberung der Stadt gelang nicht. Den tapferen Verteidigern bot das salische Heer ein eigentümliches Schauspiel. Vor den Mauern Roms ließ der König aus Zelten ein neues Rom mit einer neuen Kurie und Amtsträgern errichten. Unter freiem Himmel führte man auf dieser Bühne eine öffentliche Krönung Heinrichs IV. auf. Nachdem 1082 auch eine zweite Belagerung gescheitert und 1083 nur ein Teilerfolg geglückt war, öffneten die zermürbten Römer 1084 die Tore. Von der unbezwingbaren Engelsburg aus musste Gregor VII. die nahe Siegesfeier seiner Feinde verfolgen. Am Palmsonntag wurde Clemens III. feierlich im Petersdom in sein päpstliches Amt eingesetzt. Eine Woche später, an Ostern 1084, spendete er dort Heinrich IV. die Kaiserkrönung.

Auch der Tod Gregors VII. 1085 brachte keine Lösung. Jeder neue Papst erhielt einen Gegenpapst. Und der Kaiser hielt am Anspruch fest, seine Herrschaft direkt von Gott erhalten zu haben. Sein Anhänger Petrus Crassus bemühte sogar die Geschichte Karls des Großen und Ottos des Großen, denen das Imperium wegen der Verteidigung der römischen Kirche und ganz Italiens rechtmäßig und auf Dauer zugefallen sei.

Trotz aller Beschwörungen musste Heinrich IV. bis zum letzten Tag seines Lebens kämpfen, gegen die unversöhnliche Partei der Reformanhänger und gegen seine eigenen Söhne Konrad und Heinrich V. Der Vater-Sohn-Konflikt stürzte die Monarchie 1105/06 noch einmal in eine schwere Zerreißprobe. Als Heinrich V. (1106–1125) endlich die Nachfolge antrat, ruhten große Hoffnungen auf ihm und seinen jungen Helfern. Doch die rasche Überwindung des Epochenkonflikts war nicht einfach. Papst Urban II. (1088–1099) hatte die Annäherung 1095 im Konzil von Clermont erschwert und jedem Kleriker die Ableistung des Lehnseids an einen weltlichen Herren untersagt. Auch wenn man in Westeuropa zu lernen begann, die Amtsgewalt eines Bischofs in einen geistlichen und einen weltlichen Bereich (Spiritualien und Temporalien) zu differenzieren, bereitete die zeichenhafte Ausgestaltung der Übertragung weltlicher Befugnisse anhaltende Schwierigkeiten. Vorerst investierte auch Heinrich V. seine Bischöfe ohne jedes Schuldbewusstsein mit Ring und Stab.

1107 mobilisierte Papst Paschalis II. (1099–1118) die westlichen Nachbarn im europäischen Ringen. Er reiste damals nach Frankreich zu König Philipp I. und seinem Sohn Ludwig (VI.). Zeitgenössische Beobachter feierten die Begegnung als Erneuerung jenes Schutzes, den einst Pippin und Karl der Große den Päpsten gegen Bedrohungen gespendet hatten. Heinrich V., in seinem eigenen Selbstverständnis Schutzherr der Römer, wurde im französischen Blick zum «deutschen Tyrannen». Gegen ihn fanden, wie schon in der Karolingerzeit, die Päpste bei den Franken/Franzosen verlässliche Hilfe. Im 12. und 13. Jahrhundert festigte sich dieses Bündnis aus historischen Wurzeln immer weiter.

Das westeuropäische Urteil verschärfte sich unter dem Eindruck von Heinrichs Romzug 1111 mit angeblich 30 000 Kriegern. Eigens wurde der Hofkapellan David zum Chronisten bestellt, um den Triumph festzuhalten. Es kam anders. In geheimen Verhandlungen verabredeten Papst und König einen Vorvertrag. Heinrich V. verzichtete auf jede Investitur von Geistlichen, die ihm dafür alle empfangenen königlichen Rechte und Güter zurückgeben sollten. Diese Lösung beseitigte zwar die Vermischung königlicher und geistlicher Sphären, nahm den reichen und stolzen Bischöfen und Äbten aber den größten Teil ihrer materiellen Existenz. Weil apostolische Armut in der mittelalterlichen Amtskirche nur Theorie blieb, erhob sich bei der päpstlichen Verlesung unter den deutschen Bischöfen und Äbten ein Sturm der Entrüstung. Jede Konsensfindung war ausgeschlossen. Trotzig forderte Heinrich sein Investiturrecht zurück und die Kaiserkrönung ein. Den zögerlichen Papst nahm er mit den Kardinälen in Beugehaft. Erschreckte Beobachter formulierten ihre Abscheu vor «unmenschlichen Hunden», die im Petersdom wüteten. Die Resonanz in ganz Europa war ungeheuer. Selbst dort, wo man noch niemals einen Kaiser erwähnt hatte, schrieb man bebend über den deutschen Tyrannen oder den zweiten Judas.

Unter dem Druck salischer Gewalt sagte Paschalis dem König im Vertrag von Ponte Mammolo das Recht der Investitur von Bischöfen mit Ring und Stab nach der kanonischen Wahl und vor der Weihe zu. Außerdem bewilligte er die Kaiserkrönung und gab das Versprechen, Heinrich wegen der Vorfälle niemals bannen zu wollen. Eigentlich bedeutete das Einlenken einen unglaublichen Rückfall in die Zeit vor dem großen Streit. Reformanhänger nannten das Privileg des Papstes fortan eine «schlechte Urkunde» (*Pravileg*). Stellvertretend für Paschalis II., der sich an sein Wort hielt, bannte die Synode von Vienne Heinrich V. für seine Untaten.

Am 13. April 1111, einem unbedeutenden Donnerstag, erhielt er von Papst Paschalis II. die ersehnte Kaiserkrönung. Der triumphierende Kaiser ließ sich zu einer demonstrativen Demutsgeste gegenüber seiner päpstlichen Geisel herab. Die *Annales Romani* schrieben, Heinrich V. habe dem auf den Stufen von St. Peter wartenden Papst die Füße geküsst und dann von ihm den Friedenskuss erhalten. Sogleich fügten die *Ordines* das Ritual in den Ablauf der Kaiserkrönung. Ob hoheitsvoll oder sehnsüchtig um die Kaiserkrönung bittend – fortan küssten die angehenden Kaiser dem Nachfolger des Apostelfürsten die Füße und brachten im Hinsinken auf den Boden ihre Devotion gegenüber dem heiligen Petrus zum Ausdruck. Vielleicht nahm Heinrich V. den Unterwerfungsakt seines älteren Bruders Konrad auf, der im Aufruhr gegen den kaiserlichen Vater 1095 demonstrativ Papst Urban II. den Stratordienst geleistet hatte? In aufgeregten Zeiten wurden öffentliche Zeichen von Demut oder Gehorsam noch wichtiger.

Der Glanz der Kaiserkrone leuchtete nicht weit. Die Reformkirche formierte sich bald wieder gegen den Salier, und im Reich bröckelte die Akzeptanz. Verlässlichen Rückhalt fand Heinrich V. bald nur noch bei seinen staufischen Neffen, bei Herzog Friedrich II. von Schwaben und Konrad, dem späteren König Konrad III. (1138–1152). Den Reformpäpsten Gelasius II. (1118–1119) und Calixt II. (1119–1124) wurde ein kaiserlicher Gegenpapst entgegengesetzt, der ausgerechnet den Namen Gregor VIII. annahm (1118–1121). Schimpflich trieb man ihn aus seinem Amt. Er musste nackt auf einem Esel durch Rom reiten. 1119 erneuerte Calixt II. den Bann über Heinrich V.

Längst hatte der Kaiser seine Handlungsmacht eingebüßt. In unübersichtlicher Gemengelage trat er nicht mehr als Herr des Geschehens auf, sondern als eine Streitpartei neben anderen. Der zerbröckelnde Konsens im Reich zwang zum Kompromiss, den die Fürsten als «Häupter des Staats» einforderten: «Der Herr Kaiser soll dem apostolischen Stuhl gehorchen.» Kaiser und Reich traten 1121 auseinander, denn die Fürsten fällten den Spruch «zwischen dem Herrn Kaiser und dem Reich». Diesen fundamentalen Handlungsverlust des Kaisers wie den Gestaltungsgewinn der Fürsten, die jetzt das Reich gegen den Herrscher repräsentierten, beschrieb Ekkehard von Aura: «Durch ihren Rat, ihr Zureden und ihre Beschwörung wurde der Unwille des Königs soweit besänftigt, dass er selbst verfügte, die Angelegenheit solle nicht durch sein Urteil, sondern das der Fürsten beider Parteien entschieden werden.»

Am 23. September 1122 kam auf den Wiesen vor Worms die große Einigung zustande. Zwei Urkunden Papst Calixts II. und Kaiser Heinrichs V. legten den Zwist eines halben Jahrhunderts bei. Spätere nannten diese Einigung das «Wormser Konkordat». Heinrich V. verzichtete auf jede Investitur mit Ring und Stab, sagte freie und kanonische Bischofswahlen durch die Domkapitel in seinem König- und Kaiserreich zu und versprach dem Papst Frieden wie Hilfe bei der Wiederherstellung kirchlichen Besitzes.

Papst Calixt II. sicherte dem Kaiser Frieden zu. Er trennte im Imperium zwischen dem deutschen Reich und den Königreichen Italien und Burgund. In Deutschland sollten die Wahlen von Bischöfen und Äbten zwar frei und ohne Simonie oder Gewalt erfolgen, durften aber in Gegenwart des Kaisers stattfinden. Bei strittigen Wahlen, die leicht zur Regel stilisiert werden konnten, besaß er ein Entscheidungsrecht. Der gewählte Bischof musste vor seiner Weihe die Vergabe der königlichen Rechte durch das Zepter erbitten. Dabei leistete er das, «was er Dir auf Grund dessen rechtens schuldet», eine elegante Umschreibung des eigentlich verbotenen Eids. In Italien und Burgund galt der Vorbehalt der königlichen Vergabe der Rechte vor der Weihe nicht; doch sollte auch dort innerhalb von sechs Monaten darum nachgesucht werden.

Die komplizierten Bestimmungen erbrachten eine tragfähige Lösung für beide Seiten. Die geistliche Amtsgewalt konnte sich fortan unabhängiger entwickeln, auch wenn hier und da der regionale Zugriff auf die Domkapitel den imperialen Einfluss lediglich ersetzte. Die Herrscher gestalteten in der Praxis weiter die Auswahlverfahren durch Präsenz und Vergabe der weltlichen Hoheitsrechte. Das ganze Gefüge mit seinen Zeichen und Symbolen war gedanklich klarer und praktisch komplizierter geworden. Das Zepterlehen des Königs ersetzte seine bisherige Übergabe von Ring und Stab und machte die unterschiedlichen Wurzeln der bischöflichen Amtsgewalt deutlich. Die kirchlichen Würdenträger wuchsen damit in einen neuen Fürstenstand hinein, der sich aus den Zepterlehen zu definieren begann. Die ältere Reichskirche wurde im 12. Jahrhundert in das Lehnswesen des Reichs eingebunden. Lediglich die Frage, ob der Papst die kaiserlichen Rechte nur Heinrich V. persönlich oder der überindividuellen Monarchie zugestanden hatte, musste noch präzisiert werden.

Als Heinrich V. am 23. Mai 1125 in Utrecht starb, endete nach 101 Jahren die salische Dynastie im Reich. Ihre Erinnerung erhielt sich vor allem in der Grablege des Speyerer Doms.

Die zeitgenössische Weltchronistik hatte gerade gelernt, Kaisergeschichte als Familiengeschichte und in der Abfolge großer Herrscherdynastien zu schreiben: Karolinger, Ottonen, Salier. Um 1100 begann Frutolf von Michelsberg die Kaiser zu zählen. Heinrich IV. galt ihm als der 87. Herrscher seit Augustus. Die Kontinuität des kaiserlichen Amts in seiner heilsgeschichtlichen Aufgabe trat über Epochengrenzen und Dynastiebrüche hinweg. Das römische Kaisertum als Institution überlagerte die bloße Abfolge individueller Kaiser.

Bei der Königswahl 1125 setzte sich nicht der staufische Herzog Friedrich II. von Schwaben als nächster Verwandter Kaiser Heinrichs V., sondern der große Gegner des letzten Saliers durch, Herzog Lothar von Sachsen. Dieser bewusste Kontinuitätsbruch und die nachdrückliche Betonung der Fürstenwahl verschoben die Schwerpunkte des Reichs wieder nach Norden. Die Heimat Lothars III. (1125–1137) lag im Land zwischen Braunschweig und Helmstedt. Nach seinem Stammsitz Süpplingenburg benannt, schuf er sich seine Grablege in Königslutter am Nordrand des Elms. Sächsische Chronisten sahen goldene, glückliche Zeiten anbrechen und dachten an ottonischen Glanz zurück. Spätere deutsche Historiker urteilten nicht mehr so fröhlich, weil der neue Herrscher in seiner Reformorientierung kaiserliche Grundsätze aufzugeben und dem Papst allzu weit entgegenzukommen schien.

Der Gegensatz zu den staufischen Brüdern Friedrich II. von Schwaben und Konrad überschattete Lothars Regierungszeit. 1127 ließ sich Konrad zum Gegenkönig wählen und suchte sogleich sein Glück in Italien. Nur mit Mühe gelang 1134/35 die Unterwerfung der beiden Staufer. Einen Bundesgenossen fand der neue König in Herzog Heinrich dem Stolzen von Bayern aus dem Welfenhaus. Ihm gab Lothar sein einziges Kind Gertrud zur Ehefrau und baute den Schwiegersohn zielstrebig zum Herzog von Sachsen auf. Der Besitz zweier Herzogtümer bot scheinbar die ideale Voraussetzung für die nächste Königskandidatur.

Seine Aachener Königskrönung zeigte Lothar dem Papst an. Neu war die Reaktion. Ungefragt bestätigte Honorius II. (1124–1130) die Wahl und nahm erstmals ein päpstliches Zustimmungsrecht zur Königswahl in Anspruch. Mit der gleichzeitigen Wahl der Päpste Innocenz II. (1130–1143) und Anaklet II. (1130–1138) brach ein Schisma aus, das nicht mehr vom Schutzherrn der Römer, sondern durch die Gehorsamsentscheidung vieler Könige und Fürsten auf europäischer Bühne entschieden wurde. Wie die Könige von England und Frankreich ergriff Lothar III. Partei für Innocenz. Auf einer Reise durch Westeuropa festigte der Papst seine Anhängerschaft. Der französische Abt Suger von Saint-Denis schilderte den päpstlichen Zug als Kette öffentlicher Gehorsamsakte der Könige. Auf seinem glanzvollsten Hoftag im Mai 1131 in Lüttich erwartete Lothar III. den Papst, eilte ihm zu Fuß ein wenig entgegen und ergriff die Zügel des päpstlichen Schimmels. In seiner anderen Hand hielt der König einen Stab, um den Papst «wie einen Herrn» zur Herberge zu geleiten. Diesem Stratordienst folgte der Marschalldienst, indem Lothar seinem Gast beim Absteigen durch das Halten des Steigbügels behilflich war. So machte der König «den Wissenden wie den Unwissenden die Erhabenheit des Papstes klar».

Diese Worte stammten von Suger von Saint-Denis, der die Deutschen herzlich hasste, nicht aus Lothars Umgebung. Über die Wahrhaftigkeit des Rituals und seine symbolische Ausdeutung ist nur auf dieser Quellengrundlage zu entscheiden. Lothar III. verhielt sich freilich wie die englischen und französischen Könige mit ihren Fußfällen. Durch den Strator- und Marschalldienst machte er seine Entscheidung für eben diesen Papst öffentlich deutlich. Nicht sicher zu entscheiden ist, ob 1131 Vorbilder wirkten. Pippin (754), Ludwig II. (858) und Konrad (1095) hatten den Päpsten diesen Ehrendienst erwiesen. Doch die langen Pausen ließen keine Kontinuität im Zeremoniell entstehen. Aber in der Symbolwelt des 12. Jahrhunderts wirkte Lothars Akt in die Zukunft. Vor der Kaiserkrönung Friedrichs I. Barbarossa forderte der Papst den Stratordienst als altes Ehrenvorrecht kategorisch ein und machte ihn zur künftigen Pflicht.

Das Schisma gab dem König freilich auch politische Stärke. Noch in Lüttich forderte er, wenn auch vergeblich, das königliche Investiturrecht zurück. 1133 zog er nach Rom. Da St. Peter und die ganze Leostadt jenseits des Tibers in der Hand Anaklets II. war, musste sich Lothar als erster Kaiser mit der Krönung in St. Johannes im Lateran begnügen. Jetzt wurden die päpstlichen Bestimmungen des Wormser Konkordats verstetigt und konkretisiert. Kein Bischof durfte die vom König stammenden Rechte ausüben, bevor er sie nicht vom Herrscher durch Ableistung des Treueids erhalten hatte. Nun erfasste die zunehmende Systematisierung des Lehnswesens auch die Reichskirche. Innocenz II. gewährte seinem Förderer auch weitere Zugeständnisse. Schon Lothars zweiter Italienzug 1136/37 zeigte dann aber die Grenzen deutscher Waffen im Süden. Ohne wirkliche Erfolge starb der Kaiser auf dem Rückweg über die Alpen.

Nach dem Tod Lothars ließ der Papst zur Erinnerung an die Kaiserkrönung im Lateranpalast ein nur in späteren Abzeichnungen überliefertes Wandgemälde anbringen. In einer Szene beugte Lothar vor dem thronenden Papst die Knie. «Vor dem Tor beschwört der König die Rechte der Römer, wird dann des Papstes Vasall; von ihm empfängt er die Krone.» Diese Bildunterschrift rief später bei Kaiser Friedrich I. Barbarossa eine solche Empörung hervor, dass er auf der Tilgung der Verse bestand.

77 Jahre nach Sutri hatte sich die Präsentation des Ranggefüges von Kaiser und Papst vollständig verwandelt. Gelehrte Juristen notierten in der zweiten Hälfte des 12. Jahrhunderts, der Papst sei der wahre Kaiser. Lothar III. verbuchte nach symbolischer Unterwerfung pragmatische Erfolge. Seine Nachfolger behandelten die Rituale dann als Frage der Ehre, beugten sich aber letztlich dem geistlichen Vorrang der Päpste. Papst Gelasius I. hatte vor Jahrhunderten formuliert, Gott habe zwei Gewalten in die Welt gesetzt. Nach langer Zeit, in der die Päpste mühsam ihre Würde behaupteten, bewegte sich nun die Waagschale zu ihren Gunsten. Seit dem 12. Jahrhundert griffen die Kaiser auf die Geschichte von den zwei Gewalten oder zwei Schwertern zurück. Da die Päpste auf der langen Leiter von der Erde zum Himmel schon weiter oben standen, wollten die Kaiser wenigstens mit dem weltlichen Schwert ihr Gewicht auf Erden behaupten.

7 Das Heilige Reich
(1138–1308)

Drei staufische Kaiser, Friedrich I. Barbarossa, Heinrich VI. und Friedrich II., betonten noch einmal wirkungsvoll den Vorrang des Imperiums in der christlichen Welt. Im zunehmenden Verlust individueller Handlungsmacht verteidigten sie die Ehre des Kaisertums wie des Reichs (*honor imperii*). Der Wettstreit der Zeichen und Symbole hatte sie demonstrativ zu Dienern der Päpste gemacht. Dagegen setzten sie ihr geheiligtes Reich (*sacrum imperium*). Es erinnerte daran, dass unter Augustus das Kaisertum vor der christlichen Kirche in die Geschichte eingetreten war und der Geburt Christi wie der Ausbreitung seiner Lehre erst den Rahmen schuf. Als Nachfolger der römischen Caesaren steigerten die staufischen Kaiser noch einmal ihren Anspruch. Aber in ihrem tragischen Ringen mit den Päpsten offenbarte sich auch die Brüchigkeit imperialen Glanzes. Allmählich rückte das Kaisertum in die Normalität der europäischen Mächte ein.

In beherztem Zugriff hatte der frühere staufische Gegenkönig Konrad III. (1138–1152) beim Tod Kaiser Lothars III. nach der Krone gegriffen. Er eröffnete damit eine fatale Konkurrenz mit dem welfischen Herzog Heinrich dem Stolzen. In den nächsten Generationen flammte sie unter veränderten Bedingungen wiederholt auf, bis die Urenkelgeneration endlich 1235 den Zwist beilegte. Im Streit um die welfischen Herzogtümer Bayern und Sachsen veränderten sich das Ordnungsgefüge und der formalisierte Konfliktaustrag im Reich. Der Einfluss der Fürsten, die sich vom 12. zum 13. Jahrhundert ständisch formierten und ihren Anteil am Reich offensiv einforderten, erwuchs immer deutlicher zur Basis herrscherlichen Handelns. Die Aura gesteigerter kaiserlicher Würde wollte einen Gegenpart zum Wandel des Reichs bieten. Hier vollzog sich Modernisierung aber nicht mehr an der Spitze, sondern in den fürstlichen Dynastien. Ihnen gehörte die Zukunft. Viele föderale Elemente deutscher Geschichte gewannen in dieser konsensualen Herrschaft scharfe Konturen: das Reich als Herrschaftsverband von Kaisern/Königen und Fürsten, die fürstliche Partizipation an Fundamentalentscheidungen, der Hoftag als mobiles Zentrum formalisierter Willensbildung, schließlich die Ausbildung einer exklusiven Gruppe von Königswählern.

Konrad III., der seinem Haus mit kurzer Unterbrechung (1208–1212/18) bis 1254 das Königtum sicherte, galt dem Chronisten Otto von Freising als 93. Herrscher seit Augustus. Doch als erster König seit 962 zog Konrad nicht mehr nach Rom. Beanspruchungen im Reich, die unglückliche Teilnahme am zweiten Kreuzzug und ein längerer Aufenthalt in Byzanz schienen wichtiger als die Kaiserkrönung. Nach neun Kaisern wurde deutlich, dass die deutsche Königswürde nicht zwangsläufig nach Rom führte.

Trotzdem trat Konrad in verwandtschaftlichen und politischen Kontakten mit den byzantinischen Herrschern sogar als Kaiser auf. Der Staufer sprach seine Partner als Kaiser von Konstantinopel oder als König der Griechen an. Byzanz stand für ihn im Schatten des alten Rom. Dem beanspruchten Vorrang, der aus der Unterordnung der christlichen Königreiche des Westens unter das römische Imperium erklärt wurde, beugte sich Kaiser Johannes II. (1118–1143) nicht. Er sprach Konrad korrekt als König und als «Freund seines Kaiserreichs» an. Solche Anredestreitigkeiten des 12. Jahrhunderts zeigten das konkurrierende Nebeneinander von staufischem und byzantinischem Kaisertum im Kampf um die römische Geschichte.

Als künftiger Kaiser wurde Konrad gleich doppelt eingeladen, von Papst Eugen III. (1145–1153) wie von den römischen Bürgern, die sich gegen den päpstlichen Stadtherrn zur Stadtgemeinde zusammenschlossen. 1149 konkretisierte sich erstmals die kommunale Kaiseridee aus altrömischen Traditionen, als der Stadtrat zur bürgerlich-römischen Kaiserkrönung einlud. Konrad solle «nach Beseitigung aller Behinderung durch die Geistlichkeit» um so «freier und besser» über Italien und

Deutschland herrschen (Wibald von Stablo). Beiden Einladungen leistete der König keine Folge mehr. Als sein Neffe Friedrich I. Barbarossa (1152-1190) in Frankfurt am Main zum König gewählt und in Aachen gekrönt wurde, betrieb er alsbald den Romzug. Das sogleich einsetzende Ringen um die angemessene symbolische Ausgestaltung sollte das Kaisertum nachhaltig prägen.

Barbarossa, von den Deutschen später als imperialer Gipfelpunkt imaginiert, war von einem ausgesprochenen Gespür für die Würde seiner Person und seines Reichs durchdrungen. Schon die selbstbewusste Anzeige seiner Königswahl an den Papst betonte, man folge mit diesem Schreiben nur einem höflichen Brauch der Vorgänger. Das Königtum komme aus dem Geist Gottes. Zwei Gewalten lenkten die Welt, die heilige Autorität der Päpste und die königliche Macht. Friedrich I. schrieb als «König der Römer und immer Augustus», nahm also den wegweisenden Titel Augustus schon in Anspruch. In seiner Antwort beließ es der Papst aber nicht bei der Bekräftigung der Königswahl (Konfirmation), sondern prüfte und bewilligte ungefragt diesen Erhebungsakt (Approbation).

Vertragliche Vereinbarungen betonten die von Gott verliehene Würde von Papst und König. 1153 nahm Friedrich bereits den Kaisertitel für sich in Anspruch. Die Kaiserkrönung, zu der sich der Papst verpflichtete, schien bloßes zeremonielles Etikett. Doch auf dem Romzug 1154/55 änderte sich das Verhältnis von Anspruch und Leistung. Bei der ersten Begegnung verlangte der neue Papst Hadrian IV. (1154-1159) die Leistung des Strator- und Marschalldienstes. Nur widerwillig gab Friedrich nach. Grund für die Differenzen war die Präzisierung des personalen Zeichensystems im Hochmittelalter. Es definierte den Strator- und Marschalldienst als Ritual eindeutiger Unterordnung im Verhältnis von Lehnsherr und Lehnsmann. Lehnsmann des Papstes wollte der künftige Kaiser keinesfalls werden. Darum deutete er den Dienst als zeremonielle Ehrenbezeugung gegenüber dem Apostel Petrus und seinem Nachfolger.

Die Mehrdeutigkeiten hielten an. Auf dem Weg nach Rom stieß Friedrich auf eine Gesandtschaft der Römer. Schon vorher war ihm die Kaisererhebung durch Senat und Volk der Stadt Rom angeboten worden, der «Mutter aller Kaiser». Nach der antiken *Lex regia* erhielt der Kaiser seine Herrschaftsgewalt vom römischen Volk. Erneut bot Rom selbst als «Segen spendende Herrin des Erdkreises» die Kaiserkrönung an. Empört lehnte Friedrich die Offerte ab. Er besitze, so die schroffe Begründung, als Nachfolger der großen Erobererkaiser Karl und Otto ein originäres Recht auf das Kaisertum. Es basiere auf der kriegerischen Vormacht der Franken und Deutschen. Diese Brüskierung führte zum offenen Krieg. Am Rand heftiger Kämpfe zwischen Deutschen und Römern fand am 18. Juni 1155 im römischen Petersdom eine hastige Kaiserkrönung statt, während Barbarossas Truppen mühsam die Tiberbrücke verteidigten. Mit markigen Worten fing Otto von Freising die Emotionen und die Belastungen des Heers in der Sommerhitze ein: «Da konnte man sehen, wie unsere Krieger ebenso schrecklich wie kühn die Römer töteten, indem sie sie niederstreckten, und niederstreckten, indem sie sie töteten, als ob sie sagen wollten: Empfange jetzt, Rom, statt arabischen Goldes deutsches Eisen!»

Bald erfuhr das kaiserlich-päpstliche Verhältnis weitere Belastungsproben. Auf einem Hoftag in Besançon stritt der Stauferhof mit römischen Gesandten, ob Friedrich sein Kaisertum als Lehen oder als Wohltat (*beneficium*) vom Papst empfangen habe. 1157 entstand aus älteren Vorbildern das Wort vom geheiligten Reich (*sacrum imperium*). Das Heilige Reich ersetzte die vergehende Sakralität der Könige. Es ist kaum Zufall, dass genau in diesem Jahr 1157 letztmals der Herrscher als «Gesalbter des Herrn» (*Christus Domini*) benannt wurde. Die Heiligung des Reichs erwuchs aus der Regierung über Rom und den Erdkreis wie aus der Sorge für das heilige Reich und den göttlichen Staat.

Seit 1180 machten kaiserliche Notare in Rom dieses Heilige Reich zum Heiligen Römischen Reich (*sacrum Romanum imperium*). Der Titel fand in der Mitte des 13. Jahrhunderts Eingang in die Herrscherurkunden. Gottfried von Viterbo bejubelte ein einziges Kaisergeschlecht, von den trojanischen Vorfahren der

Römer bis in seine staufische Gegenwart. Zwei Heiligsprechungen schufen dem Reich zwei heilige Herrscher: 1146 kanonisierte Papst Eugen III. auf Fürsprache König Konrads III. den in Bamberg bestatteten Kaiser Heinrich II. 1165 erreichte Friedrich I. von Papst Paschalis III. (1164–1168) die Heiligsprechung Kaiser Karls des Großen. Die Überführung der Heiligen Drei Könige von Mailand nach Köln beförderte 1164 den königlichen Reliquienkult zusätzlich.

Italien hielt den Kaiser in Bann. Auf sechs Zügen über die Alpen weilte er in 12 von 38 Regierungsjahren im Süden, immer wieder im argumentativen oder militärischen Kampf um Hoheitsrechte des Reichs. 1158 kam es zur Begegnung mit den Lehrern der aufblühenden Rechtsschule von Bologna. Der Rückgriff auf das antike Kaiserrecht verlockte, denn ihm galt der Kaiser als Quelle allen Rechts und als Gesetzgeber. Wichtiger als die Theorie wurde indes die konkrete Durchsetzung kaiserlicher Herrschaftsrechte in Ober- und Mittelitalien. Hier hatten die mächtigen Kommunen im wirtschaftlichen Aufschwung bereits autonome Lebensformen ausgebildet, die sich kaum nach feudalen Abhängigkeiten zurücksehnen. In den jahrzehntelangen Auseinandersetzungen mit den italienischen Städten, der verlässlichen Stütze der Päpste, zerbrach der staufische Hochmut. Die ökonomische Potenz Italiens machte das Gefälle zur vergleichsweise archaisch wirkenden nordalpinen Fürstenwelt überdeutlich. Auf einem Hoftag in Roncaglia hatte Friedrich I. 1158 Gesetze zur Definition der Reichsrechte in Italien erlassen. Die Hierarchisierung misslang und wich emotional geführten blutigen Konflikten zwischen Deutschen und Italienern. Eruptive Gewalt bei der Einäscherung Mailands oder bei der militärischen Katastrophe des Kaisers bei Legnano verwandelte das Kaisertum von einer Ordnung stiftenden Macht zur aggressiven Streitpartei.

Die europäische Debatte um den Kaiser und seine Amtsgewalt war durch ein neues Papstschisma seit 1159 ausgebrochen. Anders als in den 1130-er Jahren unterschieden sich die Parteinahmen von Kaiser und westeuropäischen Königreichen. Die von Friedrich I. geförderten Päpste Viktor IV. (1159–1164), Paschalis III. (1164–1168) und Calixt III. (1168–1178) behaupteten sich nicht. Gestützt vor allem von den Königen Englands wie Frankreichs siegte Alexander III. (1159–1181). Mit den Waffen des Kirchenbanns und militärischen Erfolgen zwangen er und die mit ihm verbündeten oberitalienischen Städte das Kaisertum in die Knie. Der Autoritätsverlust war gigantisch, denn Barbarossa hatte seine Familie und seine Fürsten schwören lassen, niemals Alexander als rechtmäßigen Papst anzuerkennen.

Erstmals trat der Vorsprung des Westens und des Südens Europas über seine imperiale Mitte deutlich zu Tage. Die lateinische Christenheit entdeckte damals ihre nationale und soziale Vielfalt, weil das Kaisertum als Einheit stiftende Kraft offensichtlich versagte. Zwischen den hochtrabenden Versen des Archipoeta vom Weltkaisertum Friedrichs I. («Herr der Welt», «Fürst der Fürsten auf Erden») und den engen Grenzen kaiserlicher Gestaltungskraft in Reich, Kirche und Christenheit taten sich Abgründe auf. Johannes von Salisbury, Bischof von Chartres, für den Barbarossa nur noch ein «deutscher Tyrann» war, fragte provokativ: «Wer hat die universale Kirche dem Urteil einer Teilkirche unterworfen? Wer hat die Deutschen zu Richtern über die Völker bestimmt? Wer gab diesen plumpen und ungestümen Menschen die Autorität, einen Fürsten als Schiedsrichter über die Häupter der Menschenkinder zu setzen?»

Seuchenkatastrophen im staufischen Heer, das Versagen deutscher Waffen und ein Zerwürfnis mit dem wichtigsten Reichsfürsten Heinrich dem Löwen zeigten die Grenzen von Ehre und Macht auf. 1177 musste Barbarossa einlenken. In aller Öffentlichkeit unterwarf er sich in Venedig Papst Alexander III. Dem demütigen Fußkuss und einem deutlichen Zeichen in der Markuskirche, künftig auf den Papst genau hören zu wollen, folgte die Lösung vom Bann. Der endgültige Friede mit den italienischen Städten 1183 in Konstanz bewahrte zwar formal die Herrschaft Friedrichs in Italien, wies die strittigen Hoheitsrechte aber an die Kommunen. Dem Kaiser blieb nach den Friedensschlüssen von Venedig und Konstanz gerade ein Jahrzehnt, um der größten Blamage eines deutschen Herrschers seit dem Bußgang

Heinrichs IV. nach Canossa noch einige Achtungserfolge zur Erinnerungspflege folgen zu lassen.

Der langen und nützlichen Zusammenarbeit zwischen Friedrich Barbarossa und Heinrich dem Löwen folgte seit 1177 ein struktureller Rangkonflikt. Im Bund mit den Fürsten brachte der Kaiser seinen welfischen Vetter zur Strecke und nahm ihm in spektakulären Prozessen und anschließenden Kriegszügen seine Reichslehen. Die Neuordnung der Herzogtümer Bayern und Sachsen 1180 veränderte die Landkarte des Reichs. Nicht das Kaisertum, sondern die Fürsten wurden zu Nutznießern des Konflikts. Immerhin brachte das dem alternden Kaiser einige Loyalitäten. Die Nachfolge im Königtum war durch die Mitkönigserhebung Heinrichs VI. 1169 schon früh gesichert. Doch mit der Bitte um ein Mitkaisertum scheiterte Barbarossa bei Papst Lucius III. (1181–1185). Anders als in karolingischer oder ottonischer Zeit beschied der Papst nun, es könne nur einen Kaiser auf Erden geben. 1186 heiratete Heinrich VI. in Mailand die normannische Prinzessin Konstanze (1154–1198). Aus diesem Anlass erhob ihn der Vater zum Caesar, ein gemindertes «Mitkaisertum» ohne Papst. Nach Jahrzehnten der Konflikte mit dem normannischen Königtum in Unteritalien knüpfte diese Ehe neue Bande. Dass Konstanze einmal als Erbtochter ihrem Mann das sizilische Königtum einbringen würde, war noch nicht absehbar.

Den Glanz seiner Herrschaft setzte Friedrich I. in zwei Mainzer Hoftagen in Szene, prachtvolle Selbstvergewisserung des Rittertums als adliger Kulturform. Das zweite Treffen, der Hoftag Jesu Christi, diente bereits der Vorbereitung des letzten großen Abenteuers. Mit einem mächtigen Heer brach Barbarossa zum dritten Kreuzzug auf. Als junger Herzog hatte er auf dem zweiten Kreuzzug bereits einschlägige Erfahrungen gesammelt. Nach der Eroberung Jerusalems 1187 durch Sultan Saladin übernahmen der Kaiser und die westeuropäischen Könige die Pflicht zur Befreiung der heiligen Stätten von den Muslimen. Im Ergebnis scheiterte das Unternehmen, auch wenn 1191 wenigstens die Eroberung Akkons gelang. Der Kaiser erreichte das Heilige Land nur als Leiche. Mit allerlei Erfolgen und unter großen Strapazen war er auf dem Landweg durch den Balkan und Kleinasien gezogen. Am 10. Juni 1190 ertrank er im Fluss Saleph, heute Göksu im Südosten der Türkei. Seine Gefährten, die den toten Kaiser ins ersehnte Jerusalem führen wollten, setzten die Eingeweide in Tarsus, das «Fleisch» in Antiochia und die Gebeine in Tyrus bei. Die spätere muslimische Eroberung vernichtete diese Erinnerungsorte. Das verlorene Kaisergrab des Mittelalters, das einzige übrigens, das der Christenheit nicht mehr erreichbar war, brach vielleicht der späteren Sage Bahn, der Kaiser schlafe im Kyffhäuser und werde in höchster Not dem Reich zu Hilfe kommen. Sein tragischer Tod als Kreuzfahrer sicherte Friedrich Barbarossa ein bleibendes Andenken, das manchen erlittenen Rückschlag verwischte.

Heinrich VI. und Konstanze erlangten am 15. April 1191, einem Ostermontag, im römischen Petersdom von Papst Coelestin III. (1191–1198) die Kaiserkrönung. Nach langen Kämpfen um das Erbrecht Konstanzes im normannischen Königreich folgte am 25. Dezember 1194 die Krönung zum König von Sizilien. Damit war die Vereinigung des Königreichs in Unteritalien und des Kaiserreichs vollzogen. Für den Papst bedeutete diese territoriale Umklammerung die größte Herausforderung. Jetzt trat das Ringen zwischen Kaisern und Päpsten um die Machtstellung in der Welt in eine neue Phase territorialer Rivalität ein. Das um Sizilien erweiterte Kaiserreich schien in den 90-er Jahren auf dem Höhepunkt seiner Macht. Als König Richard I. Löwenherz auf dem Rückweg vom Kreuzzug in staufische Gefangenschaft geriet, nötigte ihm Heinrich VI. den Lehnseid für sein Königreich England ab. Der kaiserliche Vorrang in Europa nahm Konturen an. Sogar ein Kriegszug nach Byzanz schien denkbar.

1194 wurde dem Kaiserpaar in Jesi der einzige Sohn geboren. Niemals verstummten bei den Gegnern die Gerüchte um die rechtmäßige Herkunft, da Konstanze mit vierzig Jahren kaum noch gebärfähig schien. Programmatisch erhielt das Kind die Namen seiner beiden Großväter, Friedrich und Roger. In beiden Kulturen, der staufisch-imperialen und der normannisch-mediterranen, sollte es aufwachsen. 1196 wollte Heinrich VI. die

Nachfolge des Knaben sichern. Es ging nicht mehr um die Wahl zum Mitkönig, sondern um die Etablierung einer Erbmonarchie im Imperium, wie in den anderen europäischen Königreichen. Trotz des kaiserlichen Geschicks gelang dieser fundamentale Wandel nicht. Die Erblichkeit setzte sich in den Fürstentümern, nicht im Königtum durch. So glückte letztlich nur die Erhebung des kaiserlichen Sohns zum Mitkönig.

Gerade das Kaisertum mit seinem fernen römischen Ursprung und seinem universalen Anspruch schien die Wahl nach Eignung zu erfordern. Schon zur Königswahl Barbarossas 1152 hatte Otto von Freising notiert: «Denn dieses Recht, dass nämlich das Königtum nicht nach der Blutsverwandtschaft weitergegeben wird, sondern dass die Könige durch die Wahl der Fürsten eingesetzt werden, beansprucht das römische Reich als besonderen Vorzug.» Bald zerbrach der Stolz. Gesandte König Ludwigs IX. von Frankreich erklärten 1239 in Verhandlungen mit Kaiser Friedrich II., ihr Herr stamme aus der Linie königlichen Bluts und sei darum vornehmer als irgendein Kaiser, der nur aus freiwilliger Wahl hervorgehe.

In der Nachfolge seines Vaters versprach Heinrich VI. die Kreuzfahrt nach Palästina. Kurz bevor sein Schiff in See stach, starb er am 28. September 1197 in Messina. Der Dom von Palermo als Grablege markierte den staufischen Ausgriff. Zwölf Jahre vergingen bis zur nächsten Kaiserkrönung. Doch diese Zeit stellte wichtige Weichen für die Formalisierung von Herrschaft und die Systematisierung von Ansprüchen. Unruhen gegen die deutsche Herrschaft in Italien verhinderten den Zug Friedrichs II. nach Norden. Unter der Obhut der Mutter und der Vormundschaft von Papst Innocenz III. (1198–1216) trat er das sizilische Königtum an. Im Reich nördlich der Alpen kämpften der Staufer Philipp, Sohn Friedrich Barbarossas, und der Welfe Otto IV., Sohn Heinrichs des Löwen, zehn Jahre um das Königtum. In diesen Streit wurden neben dem Papst auch die Könige von England und Frankreich involviert.

Beide Streitparteien meldeten dem Papst ihre Königswahl. Die Wahlanzeigen nennen die jeweiligen Kriterien für die Rechtmäßigkeit der Nachfolge, die bisher noch nie systematisch definiert worden war: Eignung, Abstammung, Ergebenheit gegenüber der Kirche. Ottos Anhänger, von Anfang an in der Defensive, erbaten die päpstliche Billigung und die spätere Kaiserkrönung. Die Stauferpartei reklamierte das Wahlrecht als originäres Fürstenrecht, teilte in origineller Wortwahl die Erhebung Philipps in eine «kaiserliche Stellung» (*imperatura*) mit und kündigte den baldigen Zug zur Kaiserkrönung an. Innocenz III. ließ sich mit seiner Reaktion Zeit, präzisierte dann in einer Geheimansprache vor seinem Konsistorium wie in der öffentlichen Bulle «Venerabilem» 1202 die päpstlichen Ansprüche an der deutschen Königswahl und seine spezielle Entscheidung zugunsten Ottos IV.

Sein Recht auf die Approbation (Prüfung und Genehmigung) des Königs wie auf das letzte Urteil in Streitfällen leitete der Papst aus Geschichte und Zukunft ab. Das Kaisertum sei einst durch die Päpste von den Griechen auf die Franken und dann auf die Deutschen übertragen worden (*Translatio imperii*). Künftig müsse er den von den deutschen Fürsten gewählten König zum Kaiser krönen. Darum stehe dem Papst die frühzeitige Eignungsprüfung des Kandidaten bereits bei der Königswahl zu. Die Auswahl unter den drei Kandidaten Friedrich, Philipp und Otto wurde sorgfältig begründet. Dabei erschienen die Staufer als «Geschlecht der Verfolger», die den Päpsten immer geschadet hätten. Die im Rang gleichen Reichsfürsten würden ihr Wahlrecht schmälern, wenn sie immer nur Staufer erheben würden. Otto zeichne sich dagegen durch Frömmigkeit und Treue aus.

Wie kein Papst vor ihm sorgte Innocenz III. für die Systematisierung des päpstlichen Vorrangs in der Welt. Schon 1198 entwickelte er ein Gleichnis, das ins Kirchenrecht einging. Zwei große Lichter habe der Schöpfer am Himmel eingesetzt, die größere Sonne für den Tag und den kleineren Mond für die Nacht. Ebenso gäbe es am Firmament der Christenheit zwei Würden, die bischöfliche Autorität und die königliche Gewalt. Die größere, der Tag, leite die Seelen, die kleinere, die Nacht, herrsche über die Körper. Wie der kleinere und geringere Mond von der Sonne sein Licht empfange, so beziehe die königliche Gewalt ihren Glanz von der Geistlichkeit. Je näher die Könige zu ihr stünden, um so heller sei der Widerschein. Jahrzehnte später ermittelte man das Größenverhältnis durch Analogie exakter: Die priesterliche Autorität wäre 6644-mal größer als die königliche Gewalt.

Im Streit der Waffen um den richtigen König bewirkten die päpstliche Entscheidung von 1202 und der Kirchenbann über Philipp wenig. Walther von der Vogelweide fing die aufgeregten Zeiten in seiner Spruchdichtung ein: «Dagegen – weh Dir, deutsches Volk, wie steht es um deine Ordnung, wo nun die Mücke ihren König hat und deine Ehre so ganz schwindet!»

Das Kriegsglück neigte sich auch in Westeuropa dem französischen König Philipp II. Augustus als Stauferfreund zu. 1204 eroberte er gegen seinen englischen Rivalen Johann («Ohneland») die Normandie. Der Thronstreit schien bereits zugunsten des Staufers entschieden, als dieser 1208 in Bamberg ermordet wurde. Jetzt erst setzte sich Otto IV. durch. Am 4. Oktober 1209 empfing der Welfe im römischen Petersdom von seinem Förderer Innocenz III. die Kaiserkrönung. Aber nur zu bald trat Otto in die imperialen Traditionen seines Amts ein und vergaß alle Unterwürfigkeit aus den Zeiten seiner Schwäche. Gegen die Absprache zog er nach Süditalien und suchte den Entscheidungskampf mit Friedrich II. 1210 schleuderte der Papst den Kirchenbann gegen Otto IV. und drückte seine Enttäuschung mit biblischen Worten aus: «Es reut uns, den Menschen geschaffen zu haben.»

Und wieder entschied nicht der Kirchenbann. Als staufische Anhänger Friedrich II. 1211 zum «Kaiser» wählten und der junge Hoffnungsträger aus Apulien 1212 nach Deutschland kam, wendete sich das Blatt erneut. Nach einem großen Schlachtensieg des mit Friedrich verbündeten französischen Königs Philipp II. Augustus 1214 in Bouvines über Kaiser Otto IV. versank das welfische Kaisertum in der Bedeutungslosigkeit. 1218 starb Otto auf der Harzburg und wurde in Braunschweig begraben. Staufische Chronisten wie Otto von Freising oder Burchard von Ursberg zogen aus der Unterordnung Heinrichs des Löwen unter Barbarossa und dem Scheitern Ottos IV. die Lehre, dass die

Welfen im Reich nur zu Herzögen taugten, die den staufischen Kaisern dienen sollten.

Seine Rechtmäßigkeit unterstrich Friedrich II. (1212–1250) in wiederholten Wahlen und Krönungen. Bei der Krönung in Aachen verschloss er 1215 eigenhändig den Schrein Karls des Großen, dessen Heiligkeit nun in staufische Dienste trat. Bei dieser Gelegenheit legte Friedrich II. ein Kreuzzugsgelübde ab. Seinen Aufenthalt im Reich nördlich der Alpen von 1212 bis 1220 nutzte er zur Durchsetzung seines unangefochtenen Königtums wie zur Vorbereitung der Kaiserkrönung. Offen blieben das Verhältnis von Imperium und Königreich Sizilien und der versprochene Kreuzzug. Beides führte letztlich in einen unüberwindlichen Konflikt.

Die verzweifelte Lage der bedrängten Kreuzfahrerherrschaften erforderte rasches Handeln. Darum spendete Papst Honorius III. (1216–1227) Friedrich und seiner Gemahlin Konstanze ohne lange Vorverhandlungen am 22. November 1220 im Petersdom die Kaiserkrönung. Sogleich empfing der neue Kaiser aus der Hand des Kardinals Hugolino, des späteren Papstes Gregor IX. (1227–1241), das Kreuz. Die üblichen Auseinandersetzungen zwischen Deutschen und Römern blieben aus, «mehr aus Furcht als aus Liebe» zum Kaiser (Reiner von Lüttich). Wenige Jahre später entstand der Sachsenspiegel, eine private Verschriftlichung des gelebten Rechts mit normativen Ansprüchen. Eine spätere Bilderhandschrift hielt die Gemeinschaft von Papst und Kaiser geradezu programmatisch fest: beide eng umschlungen, auf einem gemeinsamen Thron regierend. So harmonisch wünschte man sich in einer zerfallenden Wirklichkeit die Welt!

Die immer wieder verschobene Abreise nach Palästina wurde in den 20-er Jahren zum zentralen Streitpunkt von Papst und Kaiser. Die dauernden Ausreden hielt Gregor IX. für eine Finte und sprach 1227 den Kirchenbann über Friedrich aus. Nachdem sich dieser durch eine zweite Ehe mit Königin Isabella II. von Jerusalem die Anwartschaft auf die Königswürde am Heiligen Grab des Herrn verschafft hatte, brach er 1228 endlich als Gebannter auf. Das labile Kräfteverhältnis muslimischer Herren nutzte er 1229 für einen sensationellen Verhandlungsfrieden mit dem ayyubidischen Sultan al-Kamil. Auf zehn Jahre fielen Jerusalem (ohne den Tempelplatz), Bethlehem und Nazareth an die Christen. Kampflos zog Friedrich II. 1229 als einziger abendländischer Kaiser des Mittelalters in Jerusalem ein und trat im herrschaftlichen Ornat als König von Jerusalem in der Grabeskirche auf. Seinen Feinden geriet diese Anmaßung eines Gebannten zum Ärgernis, seinen Freunden zum Ruhm. Manche sahen schon die alten Prophezeiungen erfüllt, nach denen der christliche Endkaiser nach Jerusalem ziehen und das ewige Reich des Friedens errichten würde.

Die Wirklichkeit war härter. Nach seiner Rückkehr konnte Friedrich 1230 nur mühsam die Lösung vom Bann erreichen. Es folgte ein zielstrebiger Herrschaftsausbau im Königreich Sizilien. Auf das neue päpstliche Gesetzbuch *Liber extra* antwortete der Staufer als kaiserlicher Gesetzgeber 1231 mit seinem Gesetzbuch, dem *Liber augustalis*. Im Reich nördlich der Alpen übte Friedrichs Sohn König Heinrich (VII., 1222–1235, † 1242) eine komplizierte Stellvertreterherrschaft aus. Die besonderen Herrschaftsrechte der geistlichen wie weltlichen Reichsfürsten erkannten die staufischen Herrscher in zwei Fürstengesetzen 1220 und 1231/32 an. Die kaiserliche Repräsentationskultur im Stil der römischen Caesaren konzentrierte sich auf Unteritalien, wo der monarchische Zugriff in normannischen Traditionen umfassender gelang als in der Heimat der staufischen Vorfahren. Berühmt wurden die Prägung von Goldmünzen mit dem Kaiserbildnis (Augustalen) und das Falkenbuch Friedrichs II. mit seiner idealisierenden Herrscherdarstellung.

Nur einmal noch kam der Kaiser 1235 bis 1237 ins Land nördlich der Alpen, genötigt durch den Ungehorsam seines Sohns. Ihn ließ er als König absetzen und erbarmungslos einkerkern. Den erstaunten Deutschen präsentierte er die Andersartigkeit mediterranen Glanzes. Auf einem Mainzer Hoftag sollten ein Landfriede für das Reich und die Erhebung des welfischen Großcousins Otto zum Reichsfürsten im neuen Herzogtum Braunschweig Ordnung schaffen. 1237 sicherte Friedrich im Reich mit der Königswahl seines zweiten Sohns Konrad IV., durch seine Mutter Isabella König von Jerusalem, die Nachfolge.

Zum Gegensatz von Kaiser und Papst um den Vorrang in Italien kam bald der Konflikt mit den oberitalienischen Städten hinzu. An ihrer Kraft verzweifelte auch Barbarossas gleichnamiger Enkel. 1239 verhängte Papst Gregor IX. zum zweiten Mal den Kirchenbann über Friedrich II. Aus ihm löste sich der Kaiser nicht mehr. 1245 ging Papst Innocenz IV. (1243–1254) einen entscheidenden Schritt weiter. In einem öffentlichen Verfahren setzte er den Kaiser auf dem Konzil von Lyon ab und erklärte ihn zum Ketzer. Das Dekret, Muster späterer Herrscherabsetzungen, basierte auf der päpstlichen Verfügungsgewalt über das Kaisertum wie auf der theologischen Entscheidungsgewalt über Rechtgläubigkeit und Ketzerei. Zeitgenossen sahen im großen Ringen nur noch die Auseinandersetzung zweier Monarchen. So verwandelten sich Papsttum und Kaisertum ins Normalmaß europäischer Mächte.

Durch einen Vertreter bestritt Friedrich II. in Lyon die Rechtmäßigkeit des Verfahrens. Dann wandte er sich mit einem Schreiben an die Könige und Fürsten Westeuropas. Dem Bekenntnis des rechten Glaubens folgten schwere Vorwürfe gegen die Anmaßung der Kurie und die Warnung, auch anderen Königen könne solche Einmischung drohen. Dem Kampf der Worte folgten die Waffen. Überall in Friedrichs Reich brach Bürgerkrieg aus. Während die staufische Partei bis zu Friedrichs Tod die Rechtmäßigkeit seines Kaisertums und später das legitime Königtum seines Sohns Konrad IV. (1250–1254) bekräftigte, sahen die Anhänger des Papstes den Thron vakant. Mit Heinrich Raspe (1246–1247) und Wilhelm von Holland (1248–1256) erhoben sie neue Könige, die sich nur noch regional durchsetzten.

Der Riss ging quer durch die Länder und Familien. Den einen wurde Friedrich zur messianischen Verheißung, den anderen zum Haupt der apokalyptischen Schlange und zum Antichristen. In Italien führte der Kaiser einen erbitterten Krieg gegen den Papst und die Städte, ohne sich durchzusetzen. Am Ende stand sein Tod am 13. Dezember 1250 und die Beisetzung im Dom von Palermo an der Seite des Vaters. Bis zuletzt war Friedrich II. in zerstrittener Zeit von der Richtigkeit seiner Sache und seines Glaubens überzeugt. Die Urteile seiner Zeit zerrissen die

Erinnerung: Den einen starb er einen süßen, den anderen einen furchtbaren Tod.

1250 endete das Kaisertum der Staufer. 1254 fand Konrad IV. im Kampf um sein Reich den Tod, 1268 sein Sohn Konradin. Dieser letzte staufische König von Jerusalem wurde 1268 auf dem Marktplatz von Neapel enthauptet. Die Bewohner von Akkon feierten darum ein Freudenfest. In der späteren Erinnerung der Deutschen erloschen mit Konradin die Staufer, die noch einmal die Größe mittelalterlicher Kaiserherrlichkeit garantiert hatten.

Die Zeitgenossen waren pragmatischer. Im sozialen Wandel, der königlichen Städten und Ministerialen endlich Autonomie oder gar Freiheit brachte, organisierten die Stände auch ohne König Ordnung und Frieden. Diese Jahre, später irrtümlich als Interregnum bezeichnet (1245/54–1273), brachten einen exklusiven Kreis von Königswählern hervor, der sich bis 1356 als Kollegium der sieben Kurfürsten ausformte. Ihm gehörten die Erzbischöfe von Mainz, Köln und Trier, der Pfalzgraf bei Rhein, der Herzog von Sachsen, der Markgraf von Brandenburg und der König von Böhmen an. In den Bahnen staufischer Internationalität erhob man im Reich 1257 gleichzeitig einen englischen und einen spanischen Stauferverwandten, Richard von Cornwall und König Alfons von Kastilien. 1273 begann die Reihe der Grafenkönige, Rudolf von Habsburg (1273–1291), Adolf von Nassau (1292–1298), Albrecht I. (1298–1308) und Heinrich VII. von Luxemburg (1308–1313). Züge nach Italien wurden erwogen, aber erst im 14. Jahrhundert wieder realisiert. Die zunehmende Beschränkung königlicher Handlungsmacht auf die Herkunftsregionen der Herrscher begrenzte die Strahlkraft dieser Monarchie. Mit acht Königen ohne Kaiserkrone fiel das Reich im europäischen Vergleich zurück. Ergebnislos wurden damals auch französische Königskandidaturen bedacht.

Die Zeit, als die Könige aus den Trümmern des staufischen Kaisertums herrschten und die materiellen Grundlagen zerfielen, gehörte zur imperialen Überspannung Friedrichs II. hinzu. Es war kein Absturz, eher die Konsequenz des Wandels. Als den Deutschen ihre lebendigen Kaiser lange genug abhanden gekommen waren, dachten sie sehnsüchtig über das Kaisertum nach. Der Kölner Domherr Alexander von Roes ordnete in der zweiten Hälfte des 13. Jahrhunderts mit Zahlenallegorien Welt und Geschichte. Seine Rollenzuweisung gab den Deutschen das Kaisertum, den Franzosen die Wissenschaft und den Italienern das Priestertum. Anspruch und Form wurden begründet: «Man wisse also, dass der heilige Kaiser Karl der Große mit Zustimmung und im Auftrag des Papstes aus göttlicher Eingebung bestimmt und angeordnet hat, dass das Römische Kaisertum für immer an die rechtmäßige Wahl durch die deutschen Fürsten gebunden bleiben sollte. Denn es ziemt sich nicht, dass das Heiligtum Gottes, die Herrschaft über die Christenheit, jemandem durch Erbrecht zufällt. Karl selbst konnte ja seine Abstammung unmittelbar von den Griechen, den Römern und den Germanen herleiten.» Einer unsicheren Gegenwart verlieh wenigstens die sichere Geschichte selbstbewussten Halt: «Dass Karl der Große ein Deutscher war, darüber besteht kein Zweifel, obgleich er auch über die Franzosen herrschte.» In den Büchern garantierten solche Kaiser immer noch die Zukunft der Welt.

8 Der erschöpfende Rangstreit (1308–1410)

An der Wende vom 13. zum 14. Jahrhundert diskutierten Gelehrte im lateinischen Europa über Kaisertum und Weltmonarchie, ohne dass es reale Kaiser gab. Die Lektüre der aristotelischen Philosophie und die neue Wissenskultur an den hohen Schulen Italiens, Frankreichs und Englands gaben mächtige Impulse. Das deutsche Reich, das den universitären Quantensprung um fast zwei Jahrhunderte verpasste, stand nicht ganz abseits, weil die klugen Köpfe an fremde Universitäten wanderten. Jordanus von Osnabrück, Alexander von Roes, Dante Alighieri, Aegidius Romanus, Marsilius von Padua und Wilhelm von Ockham schufen die Grundlagen des politischen Denkens und der Staatslehre im Spätmittelalter. Dem Papsttum oder dem Kaisertum wiesen sie gestalterische Kraft für das Bestehen von Welt und Reich zu. Dante Alighieri sah die kaiserliche Majestät als Hoffnungsgaranten: «Sollen aber diese Kriege und alles, was sie herbeiführt, verschwinden, muss notwendig die ganze Erde und aller menschlicher Besitz zu einer Monarchie, d. h. zu einer einzigen Herrschaft zusammengeschlossen werden und einen Herrscher haben.» Den ersten Kaiser des 14. Jahrhunderts begrüßte er als Weltherrscher und als Friedenskaiser. Doch die Realität hielt nicht Schritt mit den Erwartungen. Die kaiserlichen Möglichkeiten entsprachen kaum den kühnen Entwürfen auf den Pergamenten. In einer finalen Zuspitzung des Rangstreits von Päpsten und Kaisern prallten die alten Ansprüche unversöhnlich aufeinander. Es schloss sich ein erschöpfter Pragmatismus des Zusammenlebens an.

Wer regierte das Imperium in kaiserloser Zeit? Im 13. Jahrhundert hatte man endgültig gelernt, das Reich von der Person des Kaisers oder Königs zu lösen und stellvertretend durch Vikare zu herrschen. In Deutschland fiel das Reichsvikariat 1276/81 dem Pfalzgrafen bei Rhein zu. Die «Goldene Bulle» Kaiser Karls IV. von 1356 nannte den Pfalzgrafen bei Rhein und den Herzog von Sachsen als Wahrer der Reichsrechte bei Thronvakanz. Strittig blieb die stellvertretende Herrschaft in Italien. Hier leiteten die Päpste aus ihrem Recht an der römischen Königswahl auch die Verfügung über das Reichsvikariat in kaiserloser Zeit ab.

Den universalen Anspruch hatte Papst Bonifaz VIII. (1294–1303) noch einmal programmatisch zugespitzt. 1301 zitierte er König Albrecht I. vor den Apostolischen Stuhl, weil der Habsburger ohne päpstliche Approbation herrschte. 1302 folgte die Bulle «Unam sanctam», welche analog zur göttlichen Ordnung des Universums die weltliche Macht vollständig der geistlichen Gewalt unterwarf. Dem Papst stehe die Richtergewalt über die Könige zu: «Daher aber erklären wir, bestimmen und verkünden wir, dass es für alle menschliche Kreatur überhaupt heilsnotwendig ist, dem römischen Papst untertan zu sein.» Dieser Zugriff auf die Welt brach im Streit mit dem französischen König Philipp IV. faktisch zusammen. 1309 verlegten die Päpste ihren Sitz von Rom nach Avignon. In ihrem Einflussgebiet zog die französische Monarchie die Kurie personell wie politisch in ihren Bann. Über lange Jahre kamen Rom die Päpste und die Kaiser abhanden. Damals entglitten den deutschen Königen Nähe und Einfluss auf die Nachfolger des Apostels Petrus vollends. Um so erstaunlicher erschien der Wiederbeginn des Kaisertums 1312. Erstmals seit 92 Jahren fand in Rom wieder eine Kaiserkrönung statt. Nur alte Bücher hatten das Wissen um das Zeremoniell lebendig erhalten.

Nach der Ermordung König Albrechts I. wählten die Kurfürsten 1308 den Grafen von Luxemburg als Heinrich VII. (1308–1313) zum neuen Herrscher und erhoben ihn auf den Altar der Frankfurter Wahlkapelle. Es war die erste bekannte Altarsetzung eines deutschen Königs. Wieder, wie in der ganzen Zeit zwischen 1250 bis 1376, hatten die Kurfürsten zur Bekräftigung ihres Wahlrechts die direkte Sohnesfolge verhindert. Wie auch seine Vorgänger und Nachfolger nutzte Heinrich VII. sein Königtum zur Mehrung der eigenen Hausmacht. Die Hochzeit seines Sohns Johann mit der böhmischen Erbtocher Elisabeth sicherte dem westdeutschen Grafenhaus das böhmische Königtum und damit eine Kurstimme bei der Königswahl. Kontinuität stiftete der neue König durch die Beisetzung seiner beiden Vorgänger. Adolf und Albrecht I. lagen mit den salischen Kaisern und mit Rudolf von Habsburg in der Speyerer Herrschergruft. Zum letzten Mal trat die Einheit der Könige in einer gemeinsamen Grablege so programmatisch hervor.

Papst Clemens V. (1305–1314) billigte ohne jede Aufforderung die Königswahl Heinrichs und stellte die Kaiserkrönung in Aussicht. Programmatisch plante man sie für den 2. Februar 1312, auf den Tag genau 350 Jahre nach der Kaiserkrönung Ottos des Großen. Unvorhersehbare Widrigkeiten beim Italienzug verhinderten das. Mit etwa 5000 Rittern begann 1310 der Zug über die Alpen. Die Truppe konnte den Vergleich zu Barbarossas Heer aus 1800 Rittern auf dem Romzug 1154/55 durchaus bestehen. Mit Erzbischof Balduin von Trier, Bruder Heinrichs VII., kam aber nur ein einziger Kurfürst mit. Er ließ drei

Jahrzehnte später ein prächtiges Erinnerungsbuch mit farbigen Miniaturen und knappen Begleittexten anfertigen: «Kaiser Heinrichs Romfahrt». Der Codex hielt aus der Rückschau die Reise mit ihren Höhen und Tiefen fest und schuf Identitäten für die beteiligten Familien. Wappen und Fahnen machten den König und seinen Bruder wie ihr Gefolge kenntlich. Die Herrscherfahne präsentierte den schwarzen Adler auf goldenem Grund. Die lang gezogene Sturmfahne zeigte ein rotes Kreuz auf silbernem Grund. Immer wieder zeigten die Bilder die Belagerungen von Städten, die blutigen Kämpfe, die Zerstörung kommunaler Symbole, die Unterwerfung der Bürger mit Stricken um den Hals und den thronenden Herrscher – Gewaltexzesse im Umfeld einer Kaiserkrönung. Akribisch hielt der Zeichner jene Szene fest, in der Erzbischof Balduin einem römischen Orsini mit kräftigem Schwertstreich den Schädel spaltete.

Das deutsche Heer stieß in Italien auf unübersichtliche Situationen. Der faktische Ausfall kaiserlicher Gewalt über mehr als ein halbes Jahrhundert hatte die kommunale Autonomie gefestigt. In jeder Stadt variierten aristokratische Konstellationen von Kaiserfreunden (Ghibellinen, nach dem Staufernamen Waiblingen) und Papstfreunden (Guelfen, nach den Welfen). Die ökonomische Potenz einer Metropole wie Mailand oder Genua übertraf alles Vorstellbare im Land nördlich der Alpen. Nicht zuletzt die Hoffnung auf reiche städtische Steuern, Geldgeschenke oder Strafgebühren machte die Italienzüge für die armen römischen Könige so interessant.

Bis Mailand gestaltete sich der Marsch friedlich. Hier erhielt Heinrich VII. am 6. Januar 1311, dem Dreikönigstag, die Eiserne Krone der Langobarden. Tage später kippte die Feststimmung durch einen Aufstand der Mailänder gegen die ungeliebten Invasoren. Cremona und Brescia schlossen sich an, Florenz sperrte den Weg durch den Apennin. Aus dem feierlichen Krönungszug wurde ein böser Kriegszug. Stadt auf Stadt wurde belagert oder erobert. Die Königin starb in Genua eines natürlichen Todes; Walram, Bruder des Königs, fiel im Kampf um Brescia. Vor Rom belohnte Heinrich VII. die Treue seiner Gefährten durch den Ritterschlag für besonders tapfere Kämpfer. Ihr Sturm auf die ewige

Stadt brachte nur Teilerfolge. Der verabredete Krönungstermin am 2. Februar war ohnehin längst verpasst, und der Petersdom konnte nicht erobert werden. So fand die Kaiserkrönung am 29. Juni 1312 (Peter und Paul) in St. Johannes im Lateran statt. Drei Kardinäle zelebrierten im Auftrag des Papstes den Festakt. Den Krönungsordo, der stauferzeitlichen Vorgängern folgte, hatte der ferne Papst Clemens V. schon 1311 in seiner Bulle «Rex regum» vorgeschrieben. Wichtige Elemente wie Fußkuss oder Stratordienst hätten eigentlich den Papst erfordert. Seine Abwesenheit öffnete eine Kluft zwischen Skript und Wirklichkeit. Diese brach in Gestalt guelfischer Bogenschützen über das kaiserliche Festgelage herein.

An seinem Krönungstag schrieb Heinrich VII. Briefe an die Großen der Welt und verkündete seine neue Würde. Eine solche internationale Anzeige der Kaiserkrönung war neu. Die stolzen Worte übertrafen fast alles früher Gesagte. Alle Menschen sollten dem Kaiser als oberstem Herrscher untertan sein, so wie alle himmlischen Mächte Gott unterstünden. König Eduard II. von England gratulierte und bestritt den universalen Anspruch des Kaisertums nicht. Dagegen betonte König Philipp IV. die völlige Unabhängigkeit Frankreichs vom Kaisertum. Am schärfsten reagierte König Robert von Neapel. Seine Denkschrift an den Papst und die italienischen Städte, erst nach Heinrichs Tod entstanden, nannte das Kaisertum ärgerlich und überflüssig.

Heinrich VII. nahm den Konflikt mit König Robert auf. Nach der Zerstörung der Stadt Poggibonsi setzte er in der Toskana ein imperiales Zeichen und legte den Grundstein für die neue Stadt Kaisersberg (*Mons imperialis*). Hier hielt der Kaiser, beraten von italienischen Juristen, Gericht über den abwesenden König Robert. Wegen seiner Vergehen gegen Kaiser und Reich wurde er abgesetzt und als Majestätsverbrecher zum Tod durch das Schwert verurteilt. Auf einem Zug nach Süden sollte der Spruch eigentlich vollstreckt werden. Doch da starb der Kaiser am 24. August 1313 in Buonconvento. Seine Leiche wurde unter den Wappen des Reichs, Luxemburgs und Böhmens im Dom von Pisa bestattet. Das erneuerte Kaisertum hatte der Welt hochfliegende Pläne und reale Gewöhnlichkeiten gezeigt. Die

Liebe zu den Deutschen war in Italien gewiss nicht vermehrt worden. Papst Clemens V. hob das kaiserliche Urteil über König Robert ausdrücklich auf. Seine Bulle ging in die Dekretalensammlung der Clementinen ein. Juristische Fakultäten verglichen die Dekretale später mit anders lautenden Texten über die Vollgewalt des römischen Kaisers und ihre Beschränkung in den europäischen Königreichen.

Im Reich kam es 1314 zu einer Doppelwahl. Acht Jahre lang stritten der Wittelsbacher Ludwig IV. («der Bayer», 1314–1347) und der Habsburger Friedrich («der Schöne», 1314–1330) um die Krone. In der Schlacht von Mühldorf nahm Ludwig seinen Rivalen 1322 gefangen. Der Thronstreit schien ausgefochten, der Weg zur Erneuerung des Kaisertums offen. Dafür wählte Ludwig aber einen ungewöhnlichen Weg. Mit dem gefangenen Habsburger verabredete er ein gemeinsames Königtum, das bis in Detailfragen monarchische Gleichrangigkeit zum Ausdruck brachte. Während des Romzugs des einen Königs sollte der andere die Regierung in Deutschland ausüben.

Als Ludwig 1323 einen Reichsvikar nach Italien schickte, brach der Konflikt mit Papst Johannes XXII. (1316–1334) aus. Dieser eröffnete in Avignon ein kirchenrechtliches Verfahren. Weil Ludwig nicht um die päpstliche Approbation nachgesucht und sie auch nicht erhalten habe, gäbe es gar keinen König im Reich. Ludwigs Handlungen seien bloße Anmaßung und wirkungslos. Innerhalb von drei Monaten müsse Ludwig die Krone niederlegen. Beständig diffamierte der Papst seinen Gegner als «den Bayern», da er gar kein rechtmäßiger römischer König sei.

Im März 1324 verhängte der Papst den Kirchenbann gegen Ludwig, der dagegen in Frankfurt am Main an ein höchstes Konzil als oberster geistlicher Instanz über dem Papst Berufung einlegte. Den Vorwurf der Ketzerei gab Ludwig an den Papst zurück, der im Streit mit den Bettelorden die Botschaft des Neuen Testaments von der Armut Christi und seiner Jünger verworfen habe. Der König bestritt den Approbationsanspruch und berief sich auf das Recht des Reichs. Danach besitze der von den Kurfürsten gewählte König sofort alle Herrschaftsrechte. Auf diesen Gegensatz von päpstlichem Approbationsanspruch und autonomen Kurfürstenrechten an der Königswahl spitzte sich der Konflikt letztlich zu.

1327 trat der gebannte König den Italienzug an. Mit seiner Gemahlin Margarete empfing er in Mailand die italienische Königskrone. Widerstände mit Gewalt brechend, gelangte das Heer am 7. Januar 1328 nach Rom. Sein Zerwürfnis mit dem Papsttum in Avignon führte Ludwig auf neue Wege zur Begründung seines Kaisertums. Die Kaiserkrönung am 17. Januar 1328 im Petersdom stützte sich auf das römische Königtum und auf den erklärten Willen des römischen Volkes, den Senator Sciarra Colonna zum Ausdruck brachte. Die Krönung nahmen die beiden gebannten Bischöfe von Castello und Aleria vor. Erstmals seit 817 blieb der Papst bei der Zeremonie ausgeschlossen.

Ein säkulares Kaisertum wurde aber nicht gedacht. Vielmehr eröffnete der Kaiser einen eigenen Prozess gegen Johannes XXII. wegen anmaßender Einmischung in das vom Fürstenwillen begründete König- und Kaisertum. Am 18. April 1328 ließ er, beraten von Marsilius von Padua und im Rückgriff auf das Handeln Kaiser Ottos des Großen, den Papst absetzen. Das Urteil gegen diesen Antichristen bekräftigte ein Dekret, dass kein Papst Rom verlassen dürfe, ohne sein Amt zu verlieren. An Himmelfahrt wurde ein Franziskaner als Nikolaus V. (1328–1330, † 1333) zum neuen Papst erhoben. Zehn Tage später spendete er am 22. Mai 1328 Ludwig IV. und Margarete im Petersdom erneut die nunmehr päpstliche Kaiserkrönung. In der Tradition römischer Caesaren erließ Ludwig jetzt «mit dem römischen Klerus und Volk» kaiserliche Gesetze. Nikolaus V. war der letzte kaiserliche Gegenpapst der Geschichte. Nur kurzzeitig vermochte er sich zu behaupten. 1330 gab er sein Amt reumütig dem rechtmäßigen Papst Johannes XXII. zurück.

Die doppelte Kaiserkrönung innerhalb weniger Monate machte keine stringente Kaiseridee Ludwigs deutlich. Auf dem Zug nach Norden traf er im Herbst maßgebliche Führer des Franziskanerordens. Der Ordensgeneral Michael von Cesena, der Ordensprokurator Bonagratia von Bergamo und der englische Theologe Wilhelm von Ockham waren in Avignon verhaftet worden und konnten fliehen. Auf ihren Rat veröffentlichte der Kaiser im Dezember eine auf den 18. April 1328 zurückdatierte erneute Absetzungsurkunde Johannes' XXII. mit heftigen Ketzervorwürfen. 1329 kehrte er nach Deutschland zurück und präsentierte sich zu Weihnachten in München als neuer Kaiser. Die bayerische Residenz wurde zum Zufluchtsort führender Franziskaner. Mit ihrer scharfzüngigen Polemik gegen die Kurie machten sie die kaiserliche Propaganda fortan interessant.

Auch der päpstliche Rivale verfolgte Ludwig von Avignon aus mit hartnäckigem Hass. Schon vor der Kaiserkrönung hatte Johannes XXII. zum Ketzerkreuzzug gegen Ludwig aufgerufen. Im März 1328 erklärte der Papst die römische Kaisererhebung für nichtig und alle Regierungshandlungen für ungültig. So heftig die Schmähungen und Bannflüche auch waren – die Aufregung in Europa hielt sich in Grenzen. Man hatte sich allmählich in einem Leben mit Gebannten und Antichristen eingerichtet.

Das Ringen spitzte sich 1338 noch einmal zu. Viele deutsche Bischöfe, Domkapitel, Adlige und Städte protestierten bei der Kurie gegen die päpstliche Verfolgung ihres gewählten Kaisers. Ludwig selbst erklärte, der Papst käme einem Heiden gleich, wenn er die Rechte des Reichs nicht respektierte. In einer Proklamation mit den programmatischen Anfangsworten «Fidem catholicam» wurde die kaiserliche Position auf den Punkt gebracht. Die Rechtmäßigkeit von König- und Kaisertum erwachse allein aus der Fürstenwahl. Dem Papst stünden weder die Approbation noch die Vergabe der Kaiserkrone zu, und das Imperium stamme unmittelbar von Gott. Am 16. Juli 1338 trafen sich die Kurfürsten in Rhense am Mittelrhein. Ohne den Kaiser zu erwähnen, bekräftigten sie ihr alleiniges Recht zur Königswahl, in der das Mehrheitsprinzip gelten solle. Dem Gewählten komme ohne Approbation des Papstes sogleich die vollgültige Herrschaftsgewalt zu. In dieser Bekräftigung verschmolz das Kaisertum mit dem Königtum.

Einige Tage später, am 8. August 1338, proklamierte Ludwig IV. auf einem Frankfurter Hoftag in einer Urkunde mit den

Anfangsworten «Licet iuris» nochmals feierlich seine Rechtsansprüche: «Die kaiserliche Würde und Macht stammen unmittelbar von Gott allein ... Sobald jemand von den Kurfürsten des Reichs einmütig oder mit Mehrheit von ihnen zum Kaiser oder König gewählt wird, ist er sofort allein auf Grund der Wahl wahrer König und Römischer Kaiser, als solcher anzusehen und zu benennen ... Und weder von Seiten des Papstes oder des Apostolischen Stuhls noch irgendwessen sonst bedarf er der Anerkennung (*approbatio*), Bestätigung (*confirmatio*), Ermächtigung oder Zustimmung.» Reich und Kaisertum, so könnte man die kaiserliche Position zusammenfassen, existierten aus dem Willen Gottes und der Fürstenwahl. Wer sich dieser Wahrheit widersetzte, wurde zum Majestätsverbrecher, dem das Todesurteil drohte.

Solche Proklamationen stärkten die Anhänger und präzisierten die eigene Rechtsposition. Mit markigen Worten ließ sich der große Konflikt aber nicht mehr lösen. Im endlosen Streit bahnte Erzbischof Balduin von Trier 1346 die Wege für einen Thronwechsel. Sein Favorit war sein eigener Großneffe Markgraf Karl von Mähren, Enkel Kaiser Heinrichs VII. und Sohn König Johanns von Böhmen. Unter Balduins Führung erklärten fünf der sieben Kurfürsten Ludwig IV. am 11. Juli 1346 für abgesetzt und wählten Karl IV. (1346–1378) zum neuen König. Die Krönung erfolgte in Bonn. Wer Könige wählen durfte, der durfte sie auch absetzen – so ließe sich das kurfürstliche Selbstbewusstsein in einem korporativ strukturierten Reich definieren. Ludwig IV., mit 64 Jahren zum Gegenkönig geworden, nahm den Kampf um die Krone auf. Aber schon am 11. Oktober 1347 fand er den Tod. Vermutlich ein Herzinfarkt ließ ihn auf einer Jagd bei Fürstenfeldbruck vom Pferd stürzen. Ohne geistliche Wegbegleitung und Tröstung starb er im Kirchenbann. Trotzig bestatteten ihn seine Anhänger in der Frauenkirche seiner Residenzstadt München. Später zur Kathedrale geworden, beherbergt sie bis heute das prächtige Grabmal des schillernden Bayern.

Jetzt nahm Karls unangefochtenes Königtum seinen Lauf. Der Luxemburger, König von Böhmen, römischer König (1346),

König von Italien (1355) und König von Burgund (1365), erreichte im Besitz von vier Königskronen noch einmal eine Kaiserwürde, die sich mit den großen Vorgängern messen konnte. Späteren galt er als «Vater Böhmens und Stiefvater des Imperiums». Aber dieses Urteil verkannte die Notwendigkeiten spätmittelalterlicher Herrschaft, die sich das Reich aus dynastischen Fundamenten erwerben musste. Diese fand Karl IV. – trotz seiner Erziehung in Paris und trotz anhaltender Verbundenheit mit Luxemburg – eindeutig in Böhmen und im weiteren Ostmitteleuropa. Der Taufname Wenzel und der neue Name Karl, den der böhmische Königssohn vom Firmpaten Karl IV. von Frankreich empfing, zeigen die Verknüpfungen von West und Ost an. In Böhmen gelang dem neuen König und Kaiser die Gestaltung eines einzigartigen Herrschaftsverbunds. 1348 begründete er in Prag nach französischem Vorbild die erste Universität im Reich. Ein solcher Kulturtransfer sollte allerlei Nachahmer finden. Die Krone Böhmens erfuhr in seiner frühen Königsherrschaft Präzisierung wie Modernisierung nach westlichen Vorbildern. Im gotischen Neubau des Prager Veitsdoms, steinerne Verkörperung imperialen Gestaltungswillens, verschmolz die luxemburgische Dynastie mit der böhmischen Geschichte. Hier schuf Karl für sich und seinen Sohn Wenzel die angemessene Grablege.

In der Weihnachtsmesse 1347 offenbarte Karl IV. erstmals seine heilsgeschichtliche Auffassung vom römischen Königtum. Mit hochgerecktem blankem Schwert las er laut die biblische Geschichte von der Geburt Jesu Christi: «Es begab sich aber zu der Zeit, dass ein Gebot von dem Kaiser Augustus ausging, dass alle Welt geschätzt würde» (Luk. 2, 1). Im Ritual der herrscherlichen Evangelienlesung trat das römische Kaisertum als Voraussetzung für die Fleischwerdung des Herrn und für die Entstehung der Kirche hervor.

Seine Wahl hatte der Luxemburger ganz wesentlich der Unterstützung Papst Clemens' VI. (1342–1352) verdankt. 1349 setzte sich Karl IV. gegen seinen letzten Widersacher Günther von Schwarzburg durch. Der Gegenkönig verzichtete auf seine Ansprüche, starb alsbald und fand im Frankfurter Stift St. Bartholomäus sein Grab, der Wahlkirche der römischen Könige.

Zur Bekräftigung seiner Macht ließ sich Karl nochmals 1349 in Aachen zum König krönen.

Schrille Gegensätze markierten das erste Jahrzehnt von Karls Herrschaft. Grausame Erfahrungen von Pest und Naturkatastrophen, von Judenmorden und Geißlerzügen hielten Europa 1348 in Atem. Gegen diese Erschütterungen der Welt glückte in der Kaiserkrönung von 1355 und im Regelungswerk der «Goldenen Bulle» von 1356 die grundlegende Ordnungsleistung für die Zukunft des Reichs. Karls Profile changierten, zwischen ekstatischer Frömmigkeit und skrupelloser Nutzung aller fiskalischer Ressourcen. Sie gipfelte in der gezielten Auslieferung der ihm Schutz befohlenen Judengemeinden an ihre bürgerlichen Mörder. Über den Trümmern der Synagoge entstand in Nürnberg wie andernorts auch eine Marienkirche. Dieser Bau symbolisierte den blutigen Sieg des Neuen über den Alten Bund und wurde als Schrein des Reichs mit den Zeichen von Königtum und Kurfürsten geschmückt. Als Reliquiensammler berüchtigt, baute Karl IV. die Kapelle seiner Burg Karlstein zur kostbaren Hülle heiliger Gebeine aus. In der Erweiterung der Aachener Marienkirche wie in der Stiftung kostbarer Behältnisse für die sterblichen Überreste Karls des Großen bekräftigte er die imperialen Traditionslinien zu seinem Namensvetter. Wiederholt suchte Karl IV. die großen Erinnerungsorte auf. Nürnberg und Frankfurt am Main wurden im Kernland des Reichs zu bevorzugten Herrschaftszentren. Reisen nach Magdeburg, Lübeck oder Enger brachten den Gestaltungswillen auch im königsfernen Norden wieder zur Geltung.

Nach Italien war der neue römische König früh gerufen worden, vom Dichter Petrarca ebenso wie von der römischen Kommune unter Cola di Rienzo. Den Romzug bereitete Karl aber im Einvernehmen mit Papst Innocenz VI. (1352–1362) und der Kurie in Avignon vor. Für den Zug über die Alpen von 1354/55 boten die Erfahrungen des kaiserlichen Großvaters Heinrich VII. Vorbild wie Korrektiv zugleich. Karl IV. ließ sich kaum mehr auf die Auseinandersetzungen italienischer Fürsten und Städte ein und veranstaltete mit nur 300 Rittern kein militärisches Schaugepränge. Ziele waren die Kaiserkrönung und vielleicht die fiskalische Nutzung alter Reichsrechte. In seiner Regierungszeit spülten sie immerhin noch mehr als 850 000 Gulden aus Italien in die kaiserliche Kasse. Allein Florenz zahlte beim ersten Romzug pauschal 100 000 Gulden zur Tilgung ausstehender Reichssteuern. Papst und König beschworen den Zauber der drei Kronen, der silbernen (deutschen), der eisernen (lombardischen) und der goldenen (kaiserlich-römischen). Bei der italienischen Königskrönung griff Karl auf das großväterliche Vorbild zurück. Am Dreikönigstag, dem 6. Januar 1355, empfing er die von Heinrich VII. gestiftete Krone im Mailänder Dom.

Mit dem Papst war der Ablauf des römischen Zeremoniells verabredet worden. Nur einen einzigen Tag sollte sich der Kaiser offiziell in Rom aufhalten. Zuvor besuchte Karl, als Pilger verkleidet, die heiligen Stätten. Am 5. April 1355, dem Osterfest, empfingen Karl und seine dritte Gemahlin Anna im römischen Petersdom von einem päpstlichen Kardinallegaten die Kaiserkrönung. Die Krönungsordnung mit Korrekturen, die im liturgischen Vollzug den abwesenden Papst ersetzten, hat sich erhalten. Mittlerweile waren neben Bischöfen und Fürsten angeblich 5000 deutsche und böhmische sowie 10 000 italienische Ritter in Rom versammelt. Zum ersten Mal seit 1046 glückte die friedliche Prozession von St. Peter über die Engelsbrücke quer durch Rom zu St. Johannes im Lateran wieder. Zahlreiche Erhebungen in den Ritterstand und viele auf den Krönungstag datierte Urkunden schufen Erinnerung. Noch am Abend des Ostertags verließ das kaiserliche Paar die Stadt, um die neue Würde auf einem dreitägigen Kaiserfest in Tivoli zur Schau zu stellen.

Als Karl IV. ins Land nördlich der Alpen zurückkam, präsentierte er sich dort als erster unbestrittener Kaiser seit dem Deutschlandzug Friedrichs II. von 1235. Manche italienischen Hoffnungen zerplatzten dagegen. Karl brachte sein Kaisertum im Süden nicht mehr mit Waffengewalt, sondern mit Privilegien und Ernennungen zur Geltung. Enttäuscht schrieb ihm Petrarca: «Du trägst die eiserne Krone nach Hause und die goldene mit dem leeren Namen des Kaisertums. Man wird dich Kaiser der Römer nennen, und du bleibst doch nur ein König Böhmens.» Dafür glückte 1368 ohne viel Blutvergießen ein zweiter Romzug. Hier spendete der zeitweilig nach Rom zurückgekehrte Papst Urban V. (1362–1370) Karls vierter Gemahlin Elisabeth am 1. November 1368 die Krönung zur Kaiserin.

Auf zwei Hoftagen in Nürnberg und Metz regelte der Kaiser mit den Kurfürsten 1356 die Ordnung des Reichs: vor allem die Königswahl durch Mehrheitsentscheidung der sieben Kurfürsten, die Rechte des Königs wie der Kurfürsten, die zeichenhafte Ausgestaltung konsensualer Herrschaft (Sitzordnung, Prozessionsordnung, Tischordnung) und die zentralen Orte des Reichs (Königswahl in Frankfurt am Main, Königskrönung in Aachen, erster königlicher Hoftag in Nürnberg). Die Ausfertigungen der umfangreichen Bestimmungen in Pergamentbüchern für die drei Erzbischöfe, den König von Böhmen und den Pfalzgrafen bei Rhein sowie später für die Stadt Frankfurt am Main wurden mit dem goldenen Metallsiegel des Kaisers bekräftigt. Daher erhielt das kaiserliche Rechtsbuch den Namen «Goldene Bulle». Das meiste war nicht neu, sondern fixierte eine lange Rechtsentwicklung. Die sieben kurfürstlichen Königswähler – die Erzbischöfe von Mainz, Köln und Trier, der König von Böhmen, der Pfalzgraf bei Rhein, der Herzog von Sachsen und der Markgraf von Brandenburg – waren die Säulen des Reichs (*columnae*). Mit dem König bildeten sie einen gemeinsamen Körper (*corpus*). Die Ansprüche des Papsttums an der römischen Königswahl blieben gänzlich ausgeklammert. Nirgends wurde der Papst erwähnt, eine zukunftsträchtige Konfliktlösung durch bloßes Verschweigen. Die «Goldene Bulle» regelte die «Wahl des Königs der Römer, der zum Kaiser erhoben werden soll». Er war das zeitliche Oberhaupt der Welt und des Christenvolks.

In der Praxis handhabte Karl IV. dieses Weltkaisertum so flexibel, dass es der Welt erträglich wurde. Die politische Theorie hatte eine solche Praxis gut vorbereitet. Lupold von Bebenburg († 1363), in Bologna ausgebildeter Kirchenrechtler und Bischof von Bamberg, stellte in seinem Traktat über die Rechte von König- und Kaisertum zwar mutig die fränkische Kaisergeschichte für die deutsche Nationalgeschichte in Dienst. Herrschaftsanspruch und Herrschaftsrecht des römischen Königs oder Kaisers standen aber nicht über den Rechten der europäischen Könige, sondern waren ihnen gleich geordnet. Zwar kannte die Kanonistik die Idee kaiserlicher Herrschaft über die ganze Welt, doch gestaltete Lupold diesen Gedanken ganz undeutlich aus. Dem hohen Anspruch des Kaisers entsprach kein Zuwachs an faktischer Kompetenz, ein realistischer Brückenschlag von juristischem Denkspiel und politischer Machbarkeit. Wenig später beharrte Konrad von Megenberg dagegen hartnäckig auf der kaiserlichen Herrschaft über die Welt. Der Gelehrte ließ freilich offen, welche Welt er meinte. So brach das vermittelnde Denken im Sinne Lupolds Bahn für ein lebensnahes Zusammenwirken von formulierten Ansprüchen und gelebten Wirklichkeiten.

Ihre Nagelprobe bestand die internationale Belastbarkeit des Kaisertums in der letzten großen Reise Karls IV. mit seinem Sohn König Wenzel 1377/78 nach Frankreich. Es war eine Rückkehr an die Orte der Jugend und ein Verwandtschaftstreffen mit König Karl V. von Frankreich (1364–1380) und seiner Familie. Die prächtigen französischen Bilderchroniken fingen weniger den diplomatischen Nutzen als die Zeichenhaftigkeit des zeremoniellen Umgangs ein. Gesten unglaublicher körperlicher Vertrautheit bei der Begegnung des Kaisers mit der französischen Königin mischten sich mit der Inszenierung von Souveränität. Mühsam hielten die französischen Gastgeber den Kaiser von einem Grenzübertritt vor dem Weihnachtsfest ab. Seine Evangelienlesung mit blank gezogenem Schwert musste Karl IV. darum in der Kathedrale von Cambrai halten, der westlichsten Bischofskirche seines Reichs. Beim Treffen mit dem französischen König trennte sich der Kaiser von seinem Schimmel, dem Symbol des Souveräns. In Frankreich stand das weiße Pferd allein dem französischen König zu. Das mit Wappendecken verhängte Gastpferd des Kaisers lässt bei genauer Betrachtung schwarze Beine erkennen. Also bestand Karl IV. beim Einzug in die Hauptstadt Paris auf menschenleeren Straßen. Bis ins Detail handelte man die Gleichrangigkeit von Kaiser und König wie die Gesichtswahrung des Kaisers in der Hauptstadt des Gastgebers aus.

Als Karl IV. am 29. November 1378 starb, inszenierten mehrtägige Bestattungsfeierlichkeiten noch einmal die bewährte kaiserliche Repräsentationskunst. Die Nachfolge des ältesten Sohns Wenzel war bereits gesichert. Schon als zweijähriges Kleinkind 1363 zum böhmischen König erhoben, hatte der kaiserliche Vater von den Kurfürsten 1376 die Wahl Wenzels zum römischen König erkauft. Es war die erste allgemein anerkannte direkte Sohnesfolge im römisch-deutschen Reich seit 1190; bis 1493 sollte es auch die letzte bleiben. Vergeblich baten die Kurfürsten Papst Gregor XI. (1370–1378) um Wenzels Anerkennung als König wie um eine spätere Kaiserkrönung. 1378 schlitterte die Kirche durch die Wahl zweier Päpste in Rom und Avignon in ein großes Schisma, das erst auf dem Konstanzer Konzil 1417 überwunden wurde. 55 Jahre lang erfolgte keine Kaiserkrönung mehr, denn auch das römische Königtum geriet in heftige Turbulenzen.

Persönlich wie strukturell trat die begrenzte Integrationskraft der Könige Wenzel (1378–1400) und Ruprecht (1400–1410) immer deutlicher hervor. Gegen einen fernen und unberechenbar erscheinenden König formierten sich Kurfürsten und Fürsten als Sprecher des Allgemeinwohls. Seit den 80-er und 90-er Jahren des 14. Jahrhunderts konnte das Reich als Korporation auch ohne oder sogar gegen den König gedacht werden. Nun erwuchs der Reichstag neben dem königlichen Hof zum wichtigsten Aushandlungs- und Vertretungsorgan des Reichs. Der Dualismus von Kaiser/König und Reich bestimmte immer deutlicher die deutsche Geschichte. Unter Hinweis auf ihr Recht zur Königswahl reklamierten die Kurfürsten 1400 die Befugnis zur Absetzung eines unnützen Königs. Im Rückgriff auf die päpstliche Absetzungsbulle Kaiser Friedrichs II. von 1245 setzten sie in einem formellen Verfahren Wenzel am 16. August 1400 als römischen König ab. Fünf Tage später wurde Pfalzgraf Ruprecht III. bei Rhein, nach Ludwig IV. der zweite Wittelsbacher auf dem Thron, zum neuen römischen König erhoben. Wenzel erkannte diesen Akt niemals an und regierte bis zum Lebensende 1419 als böhmischer König.

Mit König Ruprecht verschob sich die Handlungsmacht der

Monarchie wieder in die Rheinlande. Doch seine Basis war zu bescheiden, um die imperiale Politik Karls IV. fortsetzen zu können. Beständige Schulden im Großen wie im Kleinen hielten dieses Königtum in Atem. Schon der erste Italienzug 1401/02 offenbarte die Grenzen der Möglichkeiten. Dem König standen jährliche Einkünfte von ca. 50 000 bis 60 000 Gulden aus seinen fürstlichen Territorien und ca. 25 000 aus dem Reichsgut zu. Sein Mailänder Gegner Gian Galeazzo Visconti verfügte dagegen über regelmäßige jährliche Steuereinnahmen von 1,2 Millionen Gulden und einem außerordentlichen Erhebungspotential von nochmals 1 Million Gulden. Gegen einen solchen Feind vermochte Ruprechts kleines Heer nichts auszurichten. Verarmt und gescheitert kehrte er mit Spott und Schande ins Reich zurück. Auf den Straßen der Städte sang man: «Oh, oh, der Göckelmann (Gaukler/Possenreißer) ist gekommen, hat eine leere Tasche gebracht, das haben wir wohl vernommen.» In Heidelberg fand Ruprecht 1410 sein Grab. Sein Sohn Pfalzgraf Ludwig III. ließ keine Ambitionen auf die Nachfolge erkennen.

Die große Auseinandersetzung zwischen Papst- und Kaisertum hatte unter Ludwig IV. noch einmal bewegende Höhepunkte mit gegenseitiger Absetzung oder Bannung erlebt. Die Flexibilität Karls IV. erlaubte dann eine klug beschränkte imperiale Politik. Am Ende standen schließlich die Marginalisierung wie die zunehmende Erschöpfung beider Streitparteien.

9 Letzte Romzüge (1410–1519)

Um die Nachfolge Ruprechts stritten 1410 zwei Luxemburger. Gegen seinen Vetter Jobst von Mähren (römischer König 1410–1411) setzte sich Sigmund (1410–1437) durch. Der jüngere Sohn Kaiser Karls IV. war 1387 zum König von Ungarn erhoben worden und brachte mit Ausnahme Burgunds alle Kronen seines Vaters noch einmal zusammen. An die imperiale Machtentfaltung des 14. Jahrhunderts vermochte er freilich nicht mehr anzuknüpfen. Seine große Leistung der ersten Jahre bestand im unermüdlichen Einsatz für die Einheit der Kirche. Als Vogt der römischen Kirche brachte er auf weiten Reisen mit diplomatischem Geschick das Konstanzer Konzil (1414–1418) zustande. Drei Päpste rangen gleichzeitig um ihre Rechtmäßigkeit: in Avignon Benedikt XIII. (1394–1417, † 1423), in Rom Gregor XII. (1406–1415, † 1417), in Pisa Johannes XXIII. (1410–1415, † 1419). Anders als Heinrich III. 1046 löste der römische König den Streit nicht mehr allein. Zur Einberufung des Konzils bediente er sich noch der Autorität von Johannes XXIII. Die Entscheidungen fällte dann eine europäische Kirchenöffentlichkeit. Für wenige Jahre wurde Konstanz zu einem Treffpunkt der christlichen Welt. Das Konzil brachte Gregor XII. zum Amtsverzicht, setzte Johannes XXIII. und Benedikt XIII. ab und wählte Martin V. (1417–1431) zum neuen Papst der kirchlichen Einheit. Mit kraftvollen Worten leitete das Konzil seine Autorität 1415 direkt von Jesus Christus ab. In apostolischer Tradition stellte sich die Versammlung der streitenden Kirche über die individuelle Gewalt des Papstes (Dekret *Haec sancta*). Um künftig nicht von den Zufällen päpstlicher Einberufung abhängig zu werden, wurden 1417 für die Zukunft regelmäßige Konzilien angeordnet (Dekret *Frequens*).

In Konstanz stellte das Konzil nur die Einheit des Papsttums wieder her, nicht aber die Einheit in Glaubensfragen. Jan Hus und Hieronymus von Prag wurden wegen ihrer Lehre als Ketzer verurteilt und auf den Scheiterhaufen geschickt. Vor dem geistlichen Gericht galten die Zusagen auf freies Geleit, die Sigmund versprochen hatte, plötzlich nichts mehr. Die hussitische Lehre ließ sich aber nicht so leicht vernichten und entwickelte sich theologisch wie politisch zu einer gewaltigen Herausforderung für Kirche und Reich. Die notwendige Reform der Kirche an Haupt und Gliedern misslang in Konstanz. Theologische Zweifel und die Suche nach dem richtigen geistlichen Leben begleiteten seither in immer radikaleren Ausprägungen die römische Kirche. Das von Sigmund mit vorbereitete Konzil von Basel und seine hilflosen Fortsetzungen in Florenz und Lausanne (1431–

1449) scheiterten an mangelnder Konsensfindung. In Basel versuchte sich neben der Papstkirche eine konkurrierende Konzilskirche zu konstituieren. 1439 erhoben die Konzilsväter – ohne Zutun des römischen Königs – den verwitweten Herzog Amadeus VIII. von Savoyen als Felix V. zum letzten Gegenpapst in der Geschichte. Er vermochte sich nicht zu behaupten, entsagte 1449 seinem Amt und starb 1451. Ihren Todesstoß erhielt die konziliare Idee, als Papst Pius II. (1458–1464) in seiner Bulle *Execrabilis* jede Berufung an ein Konzil verbot. Die Fülle der päpstlichen Macht hatte sich endgültig gegen die Konsensgemeinschaft der Bischöfe durchgesetzt.

Die Internationalisierung der Konzilien hob die Bedeutung wissenschaftlicher Argumentation und die Notwendigkeit europäischer Lösungen hervor. Verhandelt und abgestimmt wurde von den Konzilsvätern nach Nationen. In Kontakten mit den italienischen, französischen, englischen und spanischen Konzilsnationen erlebten auch die Deutschen manche Identitätsfindung. Der römische König spielte seine Rolle als Vogt der römischen Kirche nur anfangs. Dann entglitt ihm die Gestaltungskraft. Sigmund verschwand geradezu in den Territorien seiner dynastischen Macht. Die Kurfürsten diskutierten bereits über seine Absetzung und zwangen den fernen König 1422 zum Erscheinen auf dem Nürnberger Reichstag. Der Zerfall königlicher Integrationsfähigkeit machte die Lösung dringender fiskalischer und militärischer Probleme aussichtslos. Wirtschaftlich und administrativ fiel das Reich im europäischen Vergleich immer weiter zurück. Modernisierung fand nicht am Haupt, sondern bei den Gliedern statt, bei Kurfürsten, Fürsten, Grafen und Städten. Immer deutlicher trat das Reich neben den König. Sigmund nahm diesen Dualismus auf und deutete die beiden Köpfe des Reichsadlers, die sich seit dem 14. Jahrhundert aus dem einköpfigen Adler entwickelt hatten, als Zeichen für König und Reich. Im Lauf des 15. Jahrhunderts formierte sich auch die deutsche Nation im Heiligen Reich. Das Schreiben von deutschen Landen und deutscher Nation gewann seit 1409 an Fahrt und spitzte sich seit 1474 zum erweiterten Reichstitel «Heiliges Römisches Reich deutscher Nation» zu.

Noch trauten viele Reformschriften dem Herrscher durchaus die Fähigkeit zur Problemlösung zu. Aufrüttelnde Ideen wurden 1439 sogar unter dem Namen Kaiser Sigmunds veröffentlicht. Nikolaus von Kues bedachte 1433 in seinem Buch *De concordantia catholica* auch die Reichsreform. Weil er den Kaiser unverändert als Universalherrscher beschrieb, in ihm den Vogt der Kirche, den Diener Gottes und den Vikar Christi auf Erden sah, forderte er die Stärkung kaiserlicher Gewalt. Die Schaffung eines stehenden Heeres, eines Steuersystems und unabhängiger Reichsgerichte sollte dabei helfen. Ebenso kannte Nikolaus das Reich als todkranken Körper. Wirksame Therapien erwuchsen ihm aus dem Prinzip der Konsensualität, der freiwilligen Zustimmung, der Harmonie, der Konkordanz und der Kaiserwahl. «Wer allen voran stehen will, soll auch von allen gewählt werden.» Dem wirklichen Kaiser halfen solche Ideen nur wenig.

Sigmund hatte seine Präsenz in Konstanz trotz der Nähe zum neuen Papst nicht für eine zügige Kaiserkrönung nutzen können. Spät erst griff er in Oberitalien ein. Am 25. November 1431 wurde er in Mailand zum italienischen König gekrönt. Doch der erhoffte rasche Sprung nach Rom verzögerte sich. Lange musste der König auf die Bereitschaft Papst Eugens IV. (1431–1447) warten, der ihm endlich am 31. Mai 1433 im römischen Petersdom die Kaiserkrönung spendete. Erstmals seit der Erhebung Friedrichs II. 1220 legte ein rechtmäßiger Papst nach 213 Jahren wieder persönlich Hand an die Kaiserkrone. Selbstbewusst datierte Sigmund mehrere Privilegien auf den Krönungstag. In Nürnberg, wohin er 1423 auf Ewigkeit die Reliquien und Insignien des Reichs gewiesen hatte, feierte man ein Freudenfest.

Nach Sigmunds Tod diktierte Eberhard Windecke († 1440), Mainzer Bürger mit guten Kontakten zum Kaiser, seine Denkwürdigkeiten. Zwei illuminierte Handschriften präsentierten die Herrschaft des letzten Luxemburgers in Wort und Bild. In neuer episodischer Narratologie erschien die Geschichte von der römischen Kaiserkrönung Sigmunds besonders unglaubwürdig. Sigmund habe im Beisein des Papstes den ersten Kardinal, der ihm die Kaiserkrone aufsetzen wollte, mit den Worten zurückgewiesen: «Du bist nicht fromm und tugendhaft genug, um dem Kaiser seine Krone aufzusetzen, denn du hast einer Frau die Brüste abgeschnitten.» Der nächste Kardinal setzte dem knienden Kaiser die Krone dann so schief auf den Kopf, dass der Papst sie mit seinem rechten Fuß zurechtrücken musste, «wie es recht und herkömmlich ist». Angebliche päpstliche Fußkrönungen sind seit dem späten 12. Jahrhundert überliefert. Die Wiener Bilderchronik des Eberhard Windecke nimmt die unglaubliche Geschichte gar nicht auf und präsentiert ein klassisches Krönungsbild von Papst und Kardinal über dem sitzenden Kaiser. Doch die zweite Bilderchronik (irischer Privatbesitz) zeigt diese Fußkrönung. Wahrheit oder Legende? Eberhard Windecke war kein Augenzeuge. Er notierte jene Geschichten, die sich die Daheimgebliebenen erzählten und die bis zu den reformatorischen Streitschriften Ulrichs von Hutten deutsche Ängste vor päpstlicher Zurücksetzung schürten. Der päpstliche Fuß an der römischen Kaiserkrone mag Propaganda sein. Trotzdem besitzt die Geschichte einen tieferen Sinn: Die Kaiserkrönung war selten geworden, Rom fern, der Papst ein Spötter, die Deutschen getreten. So wuchsen die Affekte. Was musste sich die deutsche Nation noch alles bieten lassen? Das Römische und das Deutsche traten langsam auseinander. Bald formulierte die deutsche Kirche ihre Beschwerdeschriften gegen den römischen Zentralismus. Diese Gravamina der deutschen Nation führten in verschlungenen Kontinuitäten zur Reformation des 16. Jahrhunderts.

Kaiser Sigmund starb am 9. Dezember 1437 auf einer Reise von Prag nach Ungarn im mährischen Znaim. Die letzte Reise markiert die politischen Schwerpunkte ebenso wie die Grablege im ungarischen Wardein. Eberhard Windecke berichtet, man habe den Leichnam über drei Tage auf einen Stuhl gesetzt, «damit alle Leute sehen könnten, dass der Herr der Welt tot sei».

Am 14. März 1438 wählten die Kurfürsten Sigmunds Schwiegersohn, den Habsburger Albrecht II. (1438–1439). In seiner kurzen Regierungszeit kam er nicht ins Binnenreich und versäumte selbst den Zug zur Aachener Königskrönung. Nur aus der Rückschau markiert das Jahr 1438 darum den wichtigen Thronwechsel von der luxemburgischen zur habsburgischen Familie. Den Zeitgenossen, seit Jahrhunderten an dynastischen Wandel gewöhnt, war die habsburgische Zukunftsfähigkeit nicht klar. Als Friedrich III. (1440–1493), ein Vetter Albrechts II., 1440 die Nachfolge antrat, begann die lange Habsburgerherrschaft im Reich. Friedrichs Amtsdauer von 53 Jahren, die längste in der römisch-deutschen Geschichte überhaupt, legte den Grundstein für die dynastische Traditionsbildung. Mit seiner Entscheidung, ausgerechnet den eigenen habsburgischen Vorfahren Friedrich den Schönen (1314–1330) aus der Nummerierung der kaiserlichen Friedriche auszuscheiden und sich nach den beiden Staufern Friedrich I. Barbarossa und Friedrich II. als Friedrich III. zu benennen, betonte der neue Herrscher imperiale Kontinuitäten. Nur mit der kurzen Ausnahme des wittelsbachischen Kaisertums Karls VII. (1742–1745) lenkten Friedrichs Nachfahren die Kurfürstenwahlen auf sich und hielten am Kaisertum bis 1806 unverbrüchlich fest. Der Kontinuitätsbegründung entsprach aber ein Kontinuitätsbruch. Friedrich III. war der letzte, der 1452 zur Kaiserkrönung durch den Papst nach Rom zog. Mit ihm endete jene Traditionslinie, die mit Karl dem Großen 800 wirkmächtig begonnen hatte.

Friedrich III. handelte in den Bahnen seiner Vorgänger und machte die eigenen Territorien im Südosten des Reichs über viele Jahre zum Handlungsort seiner Herrschaft. In unterschiedlichen Lebensphasen war er – mit unverkennbar persönlichen Zügen – freilich ein ferner wie naher Herrscher zugleich. Das Bild der älteren Forschung von der «Erzschlafmütze des Reichs» weicht neuerdings einer gerechteren Beurteilung, die auch die kauzigen Züge nicht verkennt. Die in Abwesenheit erfolgte Frankfurter Königswahl der Kurfürsten nahm Friedrich 1440 in Wiener Neustadt an. Beharrlich schmückte er die Residenz fortan mit der Glorie seines Hauses und eines persönlichen Herrschaftsstils. In der rätselhaften Devise AEIOU fand er bildhafte Vervielfältigung.

Erst 1442 folgte der bedächtige Zug durchs Binnenreich zur Aachener Königskrönung. Gezielt bezog sich der Habsburger auf seine kaiserlichen Vorgänger. Vor allem pflegte er den Kult des heiligen Kaiserpaars Heinrich II. und Kunigunde. Ihm verwandelte er seine Ehe und Familie an. Nicht von ungefähr hieß seine Tochter Kunigunde. Mit Hochzeit und Dynastiesicherung ließ sich der mit 25 Jahren zum König gewordene Habsburger freilich Zeit. Erst zwölf Jahre später, im Zusammenhang mit der Kaiserkrönung 1452, führte die Brautwerbung des 37-Jährigen um die 15-jährige portugiesische Königstochter Eleonore zum Erfolg. An dieser einen Ehe wie an der langen Stilisierung der 1468 verstorbenen Gattin in eine überirdische Vorbildlichkeit hielt der Witwer über die Jahrzehnte fest. Im Reich blieb er an vorhandene dualistische Konstellationen von Kaiser und Reich wie an die prägende Bedeutung der eigenen dynastischen Territorien gebunden. Erst in den letzten beiden Lebensjahrzehnten wandte er sich dem Reich wie Europa zu und eröffnete seinem Haus ungeahnte Perspektiven. Mit dem Papsttum kam es schon früh zum Ausgleich. Das Wiener Konkordat von 1448 zwischen König und Kirche regelte die päpstlichen Rechte bei der Besetzung geistlicher Ämter im Reich. Diese Parteinahme des Habsburgers für den Papst und gegen das Konzil erbrachte ihm landesherrliche Vorrechte in seinen Erblanden wie die Zusicherung der Kaiserkrönung.

Friedrichs Romzug zur Kaiserkrönung 1452, der letzte in einer mehr als 650-jährigen Geschichte, ist besser dokumentiert als alle Vorläufer. Nicht mehr zur brutalen Wiederherstellung von Reichsrechten kam der Habsburger über die Alpen. Er absolvierte vielmehr einen zeremoniellen Prunkzug, dem touristische Neigungen nicht fremd waren. Die Begegnung mit der portugiesischen Braut in Siena, die Hochzeit in Rom und das Beilager in Neapel verbanden sich aufs Prächtigste mit dem römischen Krönungsritual. Klare Botschaften mit deutlichen Eigeninteressen lieferte Enea Silvio Piccolomini, Vertrauter des Kaisers, Bischof von Siena, Verkörperung des humanistischen Gelehrtentyps von europäischem Format, später Papst Pius II. (1458–1464). Seine Geschichte Kaiser Friedrichs III. mischte Selbstbewusstsein und Fremdwahrnehmung und wies Wege zur habsburgischen Inszenierungskultur. Ergreifend schilderte Enea

Silvio die Brautfahrt Eleonores zum fremden Ehemann und die erste Begegnung mit Friedrich in Siena: «Anfänglich war der Kaiser ganz blass geworden, als er seine Braut in der Ferne kommen sah. Aber sobald er ihre reizende Gestalt in der Nähe erblickte und ihre wahrhaft königlichen Bewegungen mehr und mehr erkennen konnte, da kam er wieder zu sich und gewann seine frühere Farbe wieder. Er war erfreut, dass er eine schöne Gattin gefunden, die weit schöner war, als ihr Ruf besagte.»

Enea Silvios ausführliche Schilderung der römischen Kaiserkrönung fing die Rangkonflikte der Begleiter wie die Rituale und Zeichen gleichermaßen ein. Beim Einzug in Rom ritten Abteilungen unter zwei Fahnen mit dem hl. Georg und dem Reichsadler voran. Der italienische Beobachter empfand den doppelköpfigen Adler als ein Ungeheuer seines Jahrhunderts, hässlicher als den einköpfigen. Der übliche Streit entstand nicht zwischen Deutschen und Italienern, sondern unter den Italienern selbst. Venezianer und Mailänder einigten sich nicht über den Vortritt. Die persönliche Begegnung Friedrichs mit Papst Nikolaus V. (1447–1455) begann mit einer Rede Friedrichs auf das Haus Österreich und mit einer Gegenrede des Papstes. Zögernd nur ging der Papst am 16. März 1452 auf Friedrichs Forderung zur langobardischen Königskrönung ein. Diese Krone hatte man bisher in Oberitalien erlangt. Doch nun versagte sich das oppositionelle Mailand dem Herrscher. Enea Silvio kommentierte das mit Worten über die Bedeutung der drei Kronen, der silbernen deutschen, der eisernen langobardischen und der goldenen kaiserlichen. Er wusste, dass all diese Kronen aus Gold waren: «Doch die Krone mag von einem Material sein, von welchem sie will, sie dürfte immer zu symbolischen Deutungen geeignet erscheinen.»

Nach der Einsegnung der Ehe Friedrichs und Eleonores durch den Papst kam es bei der Kaiserkrönung am 19. März 1452 im römischen Petersdom zu Sitzstreitigkeiten. König Ladislaus von Ungarn, Friedrichs Neffe, saß zu weit vom Kaiser entfernt, und dieser selbst durfte nicht vor den Kardinälen Platz nehmen. In einer Welt, die Rang sichtbar im Raum abbildete, waren dies keine Kleinigkeiten, auch wenn Enea Silvio resigniert festhielt:

«Aber in diesen Dingen lässt sich keine bestimmte Regel festhalten, denn es gibt in den menschlichen Verhältnissen keine Beständigkeit.» Endlich erhielt Friedrich die kaiserlichen Insignien, das Zepter als Zeichen der Machtvollkommenheit, den Reichsapfel als Zeichen der Weltherrschaft, das Schwert als Zeichen der Kriegsgewalt. Der Kaiserin gab der Papst eine Krone, die noch von Kaiser Sigmund herstammte, dem Kaiser wurde die goldene Krone mit Inful, den Bändern der liturgischen Kopfbedeckung, von Bischöfen und hohen geistlichen Würdenträgern aufs Haupt gesetzt. Friedrich hatte neuen prächtigen Schmuck mitgebracht, dazu aus dem Nürnberger «Archiv» auch Mantel, Schwert, Zepter, Apfel und Krone Karls des Großen, «wie sie die Sage bezeichnete». Für Enea Silvio stand hohes Alter indes nicht mehr für größte Ehrwürdigkeit. Er zweifelte sogar am Volksgerede über Karl den Großen und hielt in Abwägung des raschen Modewandels die alten Gewänder für bäurisch: «Dass wir doch die Altvordern ebenso weit an Tüchtigkeit überträfen, wie wir ihnen in diesem eitlen Tand voraus sind!»

Fast wäre die Mitra des Papstes bei der Krönungsmesse heruntergefallen, ein übles Vorzeichen. Vor dem Petersdom leistete der Kaiser am Schimmel des Papstes den Stratordienst und erhielt dafür eine goldene Rose. Auf der Engelsbrücke schlug Friedrich den eigenen Bruder wie 200 oder 300 Herzöge und Grafen durch dreimalige Berührung mit der flachen Schwertklinge zu Rittern. Den Deutschen, so wusste Enea Silvio, galt das römische Zeremoniell als höchste Vollendung des Rittertums; danach folgten die Rittererhebungen in Aachen, Jerusalem und andernorts. Doch dem gelehrten Beobachter schien das Rittertum als Kulturform bereits ebenso angefochten wie die Doktorwürde, die der Kaiser für bloßes Geld vergab. Nach Sonnenuntergang wurde Friedrich III. unter die Chorherren der Laterankirche aufgenommen und absolvierte ein glänzendes Gastmahl bis nach Mitternacht, erschöpft von der Last der Insignien und den vielen Ritterschlägen.

Noch immer verschaffte das Kaisertum Gestaltungskraft im Reich und zeremoniellen Vorrang in einem zusammenrückenden wie zunehmend bedrohten Europa. Die türkische Expansion beendete ein Jahr nach der letzten römischen Kaiserkrönung durch die Eroberung Konstantinopels das christliche Doppelkaisertum. Alle päpstlichen Initiativen hatten dem schrumpfenden Reich am Bosporus keine Überlebenschance mehr beschert, vielmehr die Kraftlosigkeit der lateinischen Welt schonungslos offen gelegt. Der Tod des letzten byzantinischen Kaisers Konstantin XI. 1453 erschien dem lateinischen Westen als Menetekel. Alle flammenden Reden auf die neue europäische Schicksalsgemeinschaft erwiesen letztlich die verlorene Integrationskraft der alten universalen Mächte. Die Chiffre Europa stand jetzt für politische Ratlosigkeit.

In seinem Reich regierte der Kaiser mit oder neben den Säulen und Gliedern des Reichs. Der Reichstag als politische Bühne von Aushandlung und Inszenierung wandelte sich bis zum frühen 16. Jahrhundert, lernte immer besser, ohne den Herrscher auszukommen, und öffnete sich den Grafen und Städten. Beständige Finanznot durch die Hussiten- und Türkenkriege wie durch Kriege gegen Franzosen und Eidgenossen machte den Konsens jener Glieder nötig, welche all das bezahlten. Zeichenhaft bildete sich die korporative Reichsverfassung nicht mehr nur allein in Darstellungen von König und Kurfürsten ab. Seit dem 15. Jahrhundert erfreute sich das Quaternionensystem zunehmender Beliebtheit, das die Glieder des Reichs in zehn variierenden Vierergruppen ordnete: vier Herzöge (Pfalzgraf bei Rhein, Braunschweig, Schwaben, Lothringen), vier Markgrafen (Meißen, Brandenburg, Mähren, Lothringen), vier Landgrafen (Thüringen, Hessen, Leuchtenberg, Elsass), vier Burggrafen (Nürnberg, Magdeburg, Rieneck, Stromberg), vier Grafen (Cleve, Schwarzburg, Cilli, Savoyen), vier Edelfreie (Limpurg, Tusis, Westerburg, Alwalden), vier Ritter (Andlau, Strandeck, Meldingen, Frauenberg), vier Städte (Augsburg, Mainz, Aachen, Lübeck), vier Dörfer (Bamberg, Schlettstadt, Hagenau, Ulm), vier Bauern (Köln, Regensburg, Konstanz, Salzburg). Entstehung und Sinn dieses Systems sind ebenso wenig geklärt wie viele andere wichtige Prinzipien der Reichsordnung. Die wachsende Beliebtheit drückte sich in farbigen Wappendarstellungen der zehn Vierergruppen mit Kurfürsten und Königreichen auf den Schwingen des Adlers aus. Berühmt ist der Augsburger Holzschnitt Hans Burgkmairs von 1510 *Das hailig römisch reich mit seinen gelidern*, ein bekrönter Doppeladler mit Wappenfülle und dem Kreuz Jesu Christi am Körper als Abbild des heilsgeschichtlichen Auftrags.

Hinzu kam eine immer stärkere Nationalisierung des Reichs. Sie beschleunigte sich durch die intellektuelle Rückbesinnung auf die germanische Frühzeit im Humanismus. In der Konkurrenz mit den anderen europäischen Nationen sicherten sich die Deutschen ihre besondere Geschichte. Germanen und Franken wurden zu Deutschen, die seit unvordenklichen Zeiten immer auf der gleichen Erde lebten. Ganz natürlich gehörte ihnen das Kaisertum, von Karl dem Großen dauerhaft für die Deutschen erworben. Auf die Stiftung der Kaiser Karl des Großen, Otto des Großen, Otto III. oder Heinrich II. führte man die Besonderheiten der Reichsverfassung zurück, das Recht zur Königswahl, das Kurfürstenkolleg, die Reichskirche, den Reichstag, das Quaternionensystem. Ein Gehorsamrevers Landgraf Hermanns von Hessen von 1474 oder der Frankfurter Reichslandfriede von 1486 rückten das Heilige Reich/das Römische Reich und die deutsche Nation zusammen. Der Kölner Reichsabschied von 1512 präzisierte dann das Heilige Römische Reich deutscher Nation.

Gestaltungskraft erlangten Kaiser Friedrich III. und sein Sohn Kaiser Maximilian I. (1493–1519) nur im Bund mit den Säulen und Gliedern ihres Reichs. Als Herzog Karl der Kühne von Burgund, glanzvoller Gebieter über ein einzigartiges Reich beiderseits der Grenzen von Kaiserreich und Frankreich, seine Erhebung zum König betrieb, scheiterte der ehrgeizige Plan nicht zuletzt am Unwillen der Kurfürsten. Rangerhöhungen mussten im Konsens von Kaiser und Fürstengenossen erfolgen. Brüsk verließ Friedrich III. 1473 ein Trierer Treffen mit dem Burgunder, obwohl er erfolgreich um dessen Erbtochter Maria als Braut für den eigenen Sohn Maximilian I. warb. An diesen fielen nach dem Schlachtentod Karls des Kühnen 1477 weite Teile Burgunds und der niederen Lande. 1486 erreichte Friedrich – wie schon 1376 Karl IV. mit Wenzel – Maximilians Wahl zum römischen König in Frankfurt und seine Krönung in Aachen.

Friedrichs imperiales Selbstbewusstsein blitzte noch in der makabren Geschichte von seinem Ende auf. Joseph Grünpeck erzählte von einer Beinamputation am sterbenden Kaiser, der sarkastisch kommentierte: «Nun ist dem Kaiser und dem Reich zugleich ein Fuß abgesägt!» Am 19. August 1493 starb Friedrich III. in Linz. Der ritualbewusste Sohn inszenierte die Beisetzung zum internationalen Staatsakt. Schon auf der Linzer Burg wurde der sitzende Leichnam ohne Innereien im kaiserlichen Ornat der Öffentlichkeit gezeigt. Dann folgten die Überführung auf der Donau nach Wien, Prozessionen, erneute Zurschaustellung im Stephansdom und die Beisetzung in der Herzogsgruft. Nach vermutlich neuerlicher Aufbahrung wurde der Leichnam 1513 in das noch unvollendete Grabmonument im Apostelchor umgebettet. Über das künstlerische Programm hatte sich Friedrich in gezielter Steuerung seiner Memoria 50 Jahre lang Gedanken gemacht.

Im Reichsgefüge rangen die selbstbewussten Stände Friedrich III. und Maximilian I. seit 1486 eine deutlichere Systematisierung und Rationalisierung des politischen Systems ab. Mit individuellem Erscheinen oder Nichterscheinen des Kaisers war Europas Mitte kaum mehr zu regieren. Auf dem Wormser Reichstag von 1495 musste Maximilian einem weit reichenden Reformkonzept der Stände unter dem Mainzer Erzbischof Berthold von Henneberg zustimmen: Verkündung eines ewigen Landfriedens, Einteilung in Reichskreise, Erhebung einer Reichssteuer (Gemeiner Pfennig), Einrichtung eines Reichskammergerichts. Dass das Reich 1500 seinen Herrscher durch ein Reichsregiment nicht ganz überflüssig machte, lag an der Uneinheitlichkeit der Glieder. Erst 1502 kam Maximilian wieder aus der Defensive heraus.

Im Vorfeld des Wormser Reichstags schrieb Hans Luppold von Hermansgrün einen politischen Traum nieder: Vor einer illustren Reichsversammlung – zwei Handschriften nennen die Dome in Magdeburg und Venedig als Orte des Geschehens – zogen statt des kraftlosen realen Königs drei uralte gekrönte

Männer auf. Sie gaben sich als Kaiser Karl der Große, Kaiser Otto der Große und Kaiser Friedrich zu erkennen. Friedrich ergriff das Wort: «Ihr scheint nicht zu wissen, meine Fürsten und Ritter, von wem ihr Worte vernehmt. Das verwundert mich nicht. Ihr seid ja so weit von den väterlichen Tugenden und Sitten zu Gebräuchen fremder Völker entartet, dass ihr auch uns fast zu Unbekannten geworden seid. Nur eure Stimmen und eure Sprache verstehen wir, ansonsten sind uns eure Sitten, Waffen, Gesinnungen und Kleidung fremd. Doch damit euch jeder von uns besser bekannt ist, schaut auf diese zwei uralten und heiligmäßigen Männer! Dies ist Karl der Große, jener Römische Kaiser, der durch seine bedeutenden Taten die Welt erleuchtete, das Römische Reich den Griechen entwand und es bei den Deutschen befestigte und erweiterte. Der andere, der zu seiner Rechten sitzt, ist Otto der Große, Römischer Kaiser, die Zierde und der Ruhm der Deutschen, ein einzigartiger Eiferer des rechten christlichen Glaubens. Ich bin ebenfalls ein Römischer Kaiser, Friedrich II. mit dem Beinamen Barbarossa [sic!]. Ich habe das zusammenbrechende Reich der Deutschen wiederhergestellt. Dabei habe ich die Verächter und Feinde des Römischen Reichs in die Flucht geschlagen, zerstreut, besiegt und die siegreichen Adler[standarten] zu Lande und zu Wasser über den ganzen Weltkreis getragen.» Vergangene Größe rüttelte eine heruntergekommene Gegenwart auf. Geschichte diente wieder als Argument.

Maximilian I., Meister der Propaganda, setzte mit seinem humanistischen Helferkreis Herrschaft wirkungsvoll in Szene. Hofmaler, Graphiker und Buchdrucker verbreiteten in Bildern und Worten wirkungsvoll seinen Ruhm. Doch auch der Habsburger selbst sorgte für großartige Texte wie «Freydal», «Theuerdank» oder «Weißkunig», Inszenierung kaiserlicher Selbstdarstellung zur Stiftung bleibenden Gedächtnisses. Das neue Medium des Einblattdrucks nutzten Friedrich III. in 37, Maximilian bis 1500 schon in 129 Fällen. Seine rastlose Politik erreichte längst nicht alle Ziele. Bei vielen Rückschlägen gelang in zähen Verhandlungen und blutigen Kriegen wenigstens die Vereinigung der habsburgischen Erblande und die Behauptung wichtiger Teile der burgundischen Erbschaft.

In Italien vermochte Maximilian, nach dem Tod seiner ersten Gemahlin Maria mit Bianca Maria Sforza verheiratet, die Herrschaft des römischen Königs nicht mehr wirkungsvoll zur Geltung zu bringen. 1504 hatte er vergeblich am Kammergericht nach einem Buch über die Formen von Romzug und Kaiserkrönung fahnden lassen. An Sebastian Brant erging damals der Auftrag, eine Geschichte von sechs Romzügen zu schreiben. Der Kaiserkrönung wollte der Hof mit historischem Wissen entgegengehen. Das Buch, wäre es zustande gekommen, hätte von stetiger Ritualdynamik gehandelt, denn keine der letzten sechs Kaiserkrönungen zwischen 1220 und 1452 war nach gleichen Mustern verlaufen.

Doch der Italienzug von 1508 scheiterte an einem Bündnis Frankreichs mit Venedig und blieb bereits in Trient stecken. Hier nahm Maximilian I. mit Zustimmung des Papstes Julius II. (1503–1513) den Titel «Erwählter Römischer Kaiser» an. Die Kurfürstenwahl hatte mit Billigung des Papstes über die römische Krönung gesiegt! Nur noch Maximilians Enkel Karl V., seit 1520 Erwählter Römischer Kaiser, empfing die Kaiserkrone am 24. Februar 1530 aus der Hand des Papstes Clemens VII. (1523–1534), nicht mehr in Rom, sondern in Bologna. Danach schuf die kurfürstliche Wahl in Frankfurt am Main bis 1806 den römischen Kaiser. Auch die Krönung in der Aachener Marienkirche wurde seit 1562 in das Frankfurter Kollegiatstift St. Bartholomäus verlegt. Die Kette der mittelalterlichen Ritualakte wich praktischer Bündelung an einem einzigen zentralen Ort im Reich. Aus Österreich war Frankfurt ohnehin einfacher zu erreichen als Aachen.

Die Pflege der spätmittelalterlichen Adelskultur machte Maximilian später zum letzten Ritter. Sein großartiges Grabmal in der Innsbrucker Hofkirche verkündet noch heute den Glanz mittelalterlicher Traditionen für das Haus Habsburg wie für das Kaisertum. Als er am 12. Januar 1519 starb und in Wiener Neustadt bestattet wurde, wechselten die Zeiten. Das mittelalterliche Weltbild mit drei Kontinenten war 1492 in der Entdeckung Amerikas zerbrochen. 1517 hatte Martin Luther die römische Kirche herausgefordert. Die Reformation spaltete die

Einheit des Glaubens und setzte nach Maximilians Tod das
Reich einer Zerreißprobe aus. Die Rom- und Italienpolitik der
mittelalterlichen Kaiser wich unter Maximilians Enkel und
Nachfolger Karl V. (1519–1556, † 1558) den globalen Perspektiven des spanischen Weltreichs. In ihm ging die Sonne nicht
mehr unter. Die Habsburger regierten zwar weiter aus dem
römischen Kaisertum heraus. Doch sie überlebten es gut. Dem
Untergang des Heiligen Römischen Reichs deutscher Nation
1806 folgte das habsburgische Kaisertum in Österreich von
1804 bis 1918.

Ausblicke

1512/13 schuf Albrecht Dürer das Bildnis Karls des Großen für
die Heiltumskammer der Nürnberger Heilig-Geist-Kirche. Dürer malte einen alten, würdigen Kaiser, mit vollem Bart und langem Haar, geschmückt mit der hochmittelalterlichen Reichskrone und prächtigen Krönungsgewändern, in der rechten
Hand das blanke Schwert, in der linken den Reichsapfel, flankiert vom Adlerwappen der Kaiser und dem Lilienwappen der
französischen Könige. Vielen Nachfolgern verlieh Karl als idealer Vorfahr legitimierende Kraft.

Das Heilige Römische Reich deutscher Nation kam vom
16. bis zum frühen 19. Jahrhundert auch ohne Rom zurecht.
Seine Glieder besaßen im Kaisertum eine Klammer, mit der sie
die großen Herausforderungen von Reformation und Dreißigjährigem Krieg einigermaßen glimpflich überstanden. Im europäischen Staatensystem fiel die Definition dieses Imperiums
schwer, das Platz für so Viele und so Vieles bot. Manchen schien
es wie ein Relikt aus alter Zeit, einem Monstrum ähnlich.

Die Kaiser kamen von 1440 bis 1806 aus dem Haus Habsburg. Eine dreijährige Unterbrechung durch das Kaisertum
des Wittelsbachers Karl VII. (1742–1745) ist fast zu vernachlässigen. Immerhin zeigten die Kurfürsten einmal in 366 Jahren,
dass sich ihre Wahl nicht nur auf die zeremonielle Begleitung

der Familienfolge beschränkte. Den Habsburgern boten ihre expandierenden Erblande oder die Welt ein hinreichend großes Betätigungsfeld. Deshalb belästigten sie das Reich nicht mit monarchischer Zentralisierung. Offene Strukturen ermöglichten die bunte Vielfalt großer und kleiner Territorien. Sie banden Könige, Fürsten, Grafen, Herren, Erzbischöfe, Bischöfe, Äbte, Äbtissinnen, Stadt-, Dorf- und Landesgemeinden zusammen. Im 17. und 18. Jahrhundert besaßen sogar benachbarte Könige territorialen Anteil am Heiligen Römischen Reich. Seine konsensual-korporativen Strukturen ließen aggressive Durchsetzung kaum noch zu. Im Rückblick mochte man das als politische Unfähigkeit oder als friedliches Ordnungssystem beschreiben. Den Liebhabern rigoroser Effizienz gerieten das Alte Reich und seine Kaiser nicht zum Vorbild. Erst als die Durchsetzung nationaler Staatlichkeit Europa in die kriegerischen Katastrophen des 19. und 20. Jahrhunderts führte, blickte man wieder liebevoller in vergangene Behaglichkeiten zurück. Immerhin hielten das Alte Reich und die alten Kaiser die Menschen länger zufrieden als das Ancien Régime in Frankreich, das vermeintliche Muster europäischer Staatlichkeit.

Über 1000 Jahre währte das von Karl dem Großen begründete und von Otto dem Großen wieder errichtete Kaisertum. Am 6. August 1806 fand es sein klägliches Ende, als Kaiser Franz II. die römische Kaiserkrone niederlegte. Der Siegeszug der Französischen Revolution und die Nationalisierung Europas hatten das Heilige Römische Reich deutscher Nation überflüssig gemacht. Als der exklusive römische Kaiser abhanden kam, vervielfältigte sich das Kaisertum. Den Startschuss gab 1804 Napoleon I. mit seiner Selbstkrönung zum Kaiser der Franzosen unter päpstlicher Assistenz. Die Reaktion des römischen Kaisers Franz II. speiste sich aus habsburgischen Traditionen. Noch im gleichen Jahr erklärte er sich zum Kaiser von Österreich. Vergleichsweise still schlich sich das Alte Reich davon. Die staatliche Neuformierung zwischen 1803 und 1815 berührte die Menschen mehr als der Verlust des Heiligen und des Römischen. Alte Bindungen wirkten im Deutschen Bund weiter. Als er in den Kriegen der 1860-er Jahre zerbrach, bauten sich die Deutschen ein neues Reich mit neuen Kaisern. Seine preußische Prägung verdrängte Österreich mit den habsburgischen Kaisern. Mit Riesenschritten wollte die späte Nation einen Platz an der Sonne finden. Die Überkompensation verwandelte alte Universalitäten bald in beklemmenden Militarismus.

Drei preußische Könige regierten als Kaiser von 1871 bis 1918 im Deutschen Reich, Wilhelm I., Friedrich III., Wilhelm II. Die Herrscher aus dem Haus Hohenzollern, seit 1701 Könige in/von Preußen, von 1415 bis 1806 als Markgrafen von Brandenburg Kurfürsten des Alten Reichs, nahmen ältere Traditionen auf. Gezielt instrumentalisierte das Deutsche Reich von 1871 die Geschichte des Heiligen Römischen Reichs für sich. Die Kaiserherrlichkeit der Ottonen, Salier und Staufer wurde zum Unterpfand deutscher Weltgeltung. Entwürfe für eine niemals ausgeführte deutsche Kaiserkrone orientierten sich dezidiert am mittelalterlichen Vorbild, das in die Schatzkammer der Wiener Residenz gekommen war. Nationaldenkmäler bauten in wilhelminischer Zeit die Brücken in die Vergangenheit, voran der Kyffhäuser oder die Goslarer Kaiserpfalz. Vor der wieder errichteten Pfalz, ausgemalt mit Szenen mittelalterlicher Geschichte, symbolisierten die beiden Reiterstandbilder Kaiser Friedrichs I. und Kaiser Wilhelms I. «des Großen» die Einheit der alten und der neuen Zeit. Auf Barbarossa, den Rotbart, folgte Barbablanca, der Weißbart. Bis heute hat sich die historische Begrifflichkeit von der damaligen Germanisierung mittelalterlicher Geschichte nicht gänzlich erholt. Bedenkenlos verlängerte man im 19. Jahrhundert die deutsche Geschichte in germanische Vorzeiten und das deutsche Kaisertum in mittelalterlich-römische Vergangenheiten zurück.

Kaiserliche Herren hatten sich ihre Universalität über die Jahrhunderte immer nur eingebildet: der römische Caesar, der Kalif von Bagdad, der türkische Sultan, der indische Mogulkaiser, der russische, chinesische, äthiopische Kaiser. Im 19. und 20. Jahrhundert hielt man die Pluralität des Kaisertums dann aus. Die Kaiser der Franzosen, die Kaiser von Österreich oder die Deutschen Kaiser weckten Begehrlichkeiten. Bald gab es auch

Kaiser von Brasilien (1822–1889) oder Mexiko (1822–1823, 1864–1867). 1876 wurde die britische Königin Victoria zur Kaiserin von Indien. Auch das äthiopische Kaisertum des italienischen Königs, die Herrschaft des Schahs von Persien als König der Könige oder neuere afrikanische Experimente blieben Episode. Heute gibt es gelebtes Kaisertum nur noch im demokratischen Japan: der Tenno, ein himmlischer Souverän.

In Europa vernichtete der Erste Weltkrieg 1917/1918 das Kaisertum in Deutschland, Österreich und Russland. Seither erinnerte man sich dort mit Abscheu, Wehmut oder Gleichgültigkeit an imperiale Vergangenheiten. Ihr drittes Reich ohne Kaiser bauten die Deutschen mit einem Führer auf. Auch das nationalsozialistische Deutschland griff immer wieder auf ein «deutsches Mittelalter» zurück. Die Reichsparteitage in Nürnberg führten das alte und das neue Deutschland zusammen. SS-Divisionen hießen Hohenstaufen oder Charlemagne (für französische Freiwillige der Waffen-SS). 1941 musste Barbarossa seinen Namen für den Überfall auf die Sowjetunion leihen. Hermann Görings Rede vor dem Untergang Stalingrads 1943 bemühte den Endkampf im Nibelungenlied aus dem 12. Jahrhundert. Auf furchtbare Weise erfüllte sich die Forderung Heinrich Himmlers in einer Rede vor der SS-Division «Das Reich», künftig dürfe jedermann in Europa das Wort Reich nur noch mit Deutschland verbinden.

Trotzdem wurden Katastrophe und Ende des Deutschen Reichs von 1945 für die mittelalterlichen Kaiser nicht zum Erinnerungsfiasko. Geschichte als Argument verwandelte sich beständig. Schnell entdeckte das Nachkriegseuropa sein christliches Abendland und die alten Kaiser. Manchen diente das Heilige Römische Reich gar als Vorbild für die europäische Integration. Zu Recht blieben europäische Nachbarn skeptischer als einige Deutsche, die über dem freundlichen Konsensprinzip gerne die kaiserlichen Brutalitäten des Hochmittelalters vergaßen. Großausstellungen machten seit 1965 die Welt der Kaiser wieder lebendig: Karl der Große, die Staufer, die Wittelsbacher, die Salier, Otto der Große oder Heinrich II. Mittelalterliche Helden und Heldengeschlechter machten auf großen Präsentationen die ältere deutsche Geschichte interessant und sympathisch. Deutsche Schuld hatte die jüngere Geschichte zum Trauma erwachsen lassen. Darum boten alte Kaiser aus Glanz und Größe wenigstens etwas Zauber. Ihr Adler überdauerte als Wappentier alle deutschen Zäsuren. Sinnstiftung aus mittelalterlichen Vergangenheiten erfuhren vor allem die Bundesländer: Baden-Württemberg und die Staufer, Bayern und die Wittelsbacher, Rheinland-Pfalz und die Salier, Niedersachsen und die Welfen, Sachsen-Anhalt und die Ottonen.

Ausstellungen präsentierten seit 1965 einem Millionenpublikum Glanz und Größe mittelalterlicher Kaiser. Das Interesse hält an. 2006 denkt man an den Untergang des Heiligen Römischen Reichs deutscher Nation vor 200 Jahren oder an den Tod Kaiser Heinrichs IV. vor 900 Jahren zurück. Die Jubiläen werden vergehen. Doch in einer nahezu kaiserleeren Zeit leben verwandelte Kaisernamen weiter, jetzt mit Wetter, Süßspeise, Geburtshilfe oder einem Fußballstar verbunden. Science-Fiction-Filme denken sich die Zukunft mit einem Imperator. Bei einer Google-Suche im Internet bringt der Begriff «Kaiser» mehr als 2,6 Millionen Einträge. Für ein vergangenes Amt ist das nicht wenig.

Die Kaiser des Mittelalters 800–1519
Namen und Daten

Das Jahr der Kaisererhebung ist fett gedruckt

Karl I. der Große	Kaiser 800 Dez. 25; † 814 Jan. 28.
Ludwig I. («der Fromme»)	Kaiser (Mitkaiser) 813 Sept./816 Okt.; † 840 Juni 20.
Lothar I.	Kaiser (Mitkaiser) 817 Juli/823 April 5; † 855 Sept. 29.
Ludwig II.	Kaiser (Mitkaiser) 850 April; † 875 Aug. 12.
Karl II. («der Kahle»)	Kaiser 875 Dez. 25; † 877 Okt. 6.
Karl III. («der Dicke»)	Kaiser 881 Febr. 12; † 888 Jan. 13.
Wido («von Spoleto»)	Kaiser 891 Febr. 21; † 894 Nov./Dez.
Lambert («von Spoleto»)	Kaiser (Mitkaiser) 892 April 23; † 898 Okt. 15.
Arnulf («von Kärnten»)	Kaiser 896 Ende Febr.; † 899 Dez. 8.
Ludwig («der Blinde»)	Kaiser 901 Febr.; geblendet 905 Aug.; † wohl 928.
Berengar («von Friaul»)	Kaiser 915, Nov./Dez.; † 924 April 7.
Otto I.	Kaiser 962 Febr. 2; † 973 Mai 7.
Otto II.	Kaiser (Mitkaiser) 967 Dez. 25; † 983 Dez. 7.
Otto III.	Kaiser 996 Mai 21; † 1002 Jan. 23/24.
Heinrich II.	Kaiser 1014 Febr. 14; † 1024 Juli 13.
Konrad II.	Kaiser 1027 März 26; † 1039 Juni 4.
Heinrich III.	Kaiser 1046 Dez. 25; † 1056 Okt. 5.
Heinrich IV.	Kaiser 1084 März 31; † 1106 Aug. 7.
Heinrich V.	Kaiser 1111 April 13; † 1125 Mai 23.
Lothar III.	Kaiser 1133 Juni 4; † 1137 Dez. 3/4.
Friedrich I.	Kaiser 1155 Juni 18; † 1190 Juni 10.
Heinrich VI.	Kaiser 1191 April 15; † 1197 Sept. 28.
Otto IV.	Kaiser 1209 Okt. 4; † 1218 Mai 19.
Friedrich II.	Kaiser 1220 Nov. 22; † 1250 Dez. 13.
Heinrich VII.	Kaiser 1312 Juni 29; † 1313 Aug. 24.
Ludwig IV. («der Bayer»)	Kaiser 1328 Jan. 17/Mai 22; † 1347 Okt. 11.
Karl IV.	Kaiser 1355 April 5; † 1378 Nov. 29.
Sigmund	Kaiser 1433 Mai 31; † 1437 Dez. 9.
Friedrich III.	Kaiser 1452 März 19; † 1493 Aug. 19.
Maximilian I.	Erwählter Röm. Kaiser 1508 Febr. 10; † 1519 Jan. 12.

Zum Nachschlagen und Weiterlesen

Nachschlagewerke
Lexikon des Mittelalters; Handwörterbuch zur deutschen Rechtsgeschichte; Geschichtliche Grundbegriffe.

Orientierungen
Heilig – Römisch – Deutsch. Das Reich im mittelalterlichen Europa, hg. von *B. Schneidmüller/St. Weinfurter*, 2006; *F. Rapp*, Le Saint Empire romain germanique d'Otton le Grand à Charles quint, 2000; *H. K. Schulze*, Grundstrukturen der Verfassung im Mittelalter, Bd. 3: Kaiser und Reich, 1998.

Antikes und byzantinisches Kaisertum
W. Dahlheim, Geschichte der römischen Kaiserzeit, 3. Aufl. 2003; *J. Martin*, Spätantike und Völkerwanderung, 4. Aufl. 2001; *P. Schreiner*, Byzanz, 2005.

Das Reich in Europa
H.-W. Goetz, Europa im frühen Mittelalter 500–1050, 2003; *M. Borgolte*, Europa entdeckt seine Vielfalt 1050–1250, 2002; *J. Ehlers*, Das westliche Europa, 2004; *C. Lübke*, Das östliche Europa, 2004; *Gebhardt*, Handbuch der deutschen Geschichte, 10. Aufl. 2003 ff.; *J. Fried*, Der Weg in die Geschichte. Die Ursprünge Deutschlands bis 1024, 1998; *H. Keller*, Zwischen regionaler Begrenzung und universalem Horizont. Deutschland im Imperium der Salier und Staufer, 1990; *P. Moraw*, Von offener Verfassung zu gestalteter Verdichtung. Das Reich im späten Mittelalter 1250–1490, 1989.

Biografien/Dynastien
Die deutschen Herrscher des Mittelalters, hg. von *B. Schneidmüller/St. Weinfurter*, 2003; *R. Schieffer*, Die Karolinger, 3. Aufl. 2000; *G. Althoff*, Die Ottonen, 2. Aufl. 2005, *E. Boshof*, Die Salier, 4. Aufl. 2000; *St. Weinfurter*, Das Jahrhundert der Salier (1024–1125), 2004; *O. Engels*, Die Staufer, 8. Aufl. 2004; *B. Schneidmüller*, Die Welfen, 2000; *K.-F. Krieger*, Die Habsburger im Mittelalter, 2. Aufl. 2004; *J. K. Hoensch*, Die Luxemburger, 2000; *H. Thomas*, Deutsche Geschichte des Spätmittelalters 1250–1500, 1983.

Bilder, Zeichen, Wörter
Die Macht des Königs, hg. von *B. Jussen*, 2005; *H. Ottmann*, Geschichte des politischen Denkens, Bd. 2/2: Das Mittelalter, 2004; *G. Althoff*, Die Macht der Rituale, 2003; *A. T. Hack*, Das Empfangszeremoniell bei mittelalterlichen Papst-Kaiser-Treffen, 1999; *J. Miethke/A. Bühler*, Kaiser und Papst im Konflikt, 1988; *P. E. Schramm/F. Mütherich*, Denkmale der deutschen Könige und Kaiser. 768–1250, 1962; *P. E. Schramm/H. Fillitz*, Denkmale der deutschen Könige und Kaiser, Bd. 2: 1273–1519, 1978; *E. Eichmann*, Die Kaiserkrönung im Abendland, 2 Bde., 1942.

Register der Personen- und Ortsnamen

(Besondere Abkürzungen: Bf. = Bischof; Ebf. = Erzbischof; frk. = fränkisch;
Kg./Kgn. = König/Königin; Ks./Ksn = Kaiser/Kaiserin)

Personen

Adalbert, Sohn Berengars II., ital. Kg. 44, 46, 48
Adalbert (v. Magdeburg) 47, 52
Adelheid, Gemahlin Ottos I., Ksn. 47, 53
Adolf (v. Nassau), Kg. 87, 90
Aegidius Romanus 88
Ageltrude, Gemahlin Widos, Ksn. 43
Agnes, Gemahlin Heinrichs III., Ksn. 61
Aistulph, langobard. Kg. 27
Albrecht I., Kg. 87, 89 f.
Albrecht II., Kg. 107 f.
Alexander II., Papst 63
Alexander III., Papst 78
Alexander v. Roes 88
Alfons (v. Kastilien), Kg. 87
Alkuin 28
Amadeus VIII. v. Savoyen, siehe Felix V.
Anaklet II., Papst 71 f.
Anastasius, byz. Ks. 19
Angilberga, Gemahlin Ludwigs II., Ksn. 37
Anna, Gemahlin Karls IV., Ksn. 99
Archipoeta 78
Arduin (v. Ivrea), ital. Kg. 57 f.
Arnulf (v. Kärnten), Ks. 42–44
Augustus 9, 13, 16, 73, 97
Balduin, Ebf. v. Trier 90 f., 96
Belisar, byz. Feldherr 20
Benedikt IV., Papst 44
Benedikt V., Papst 51
Benedikt VIII., Papst 57 f.
Benedikt XIII., Papst 104
Berengar I. (v. Friaul), Ks. 42–44
Berengar II. (v. Ivrea), ital. Kg. 44, 46, 48, 51
Bernhard, illegitimer Sohn Karls III. 42
Bertha, Gemahlin Heinrichs IV., Ksn. 63

Berthold v. Henneberg, Ebf. v. Mainz 114
Bianca Maria Sforza, Gemahlin Maximilians I., Ksn. 116
Boleslaw Chrobry, poln. Hg./Kg. 57
Bonagratia v. Bergamo 94
Bonifaz VIII., Papst 89
Boso v. Vienne 40, 42
Brant, Sebastian 116
Brun v. Querfurt 56
Burchard v. Ursberg 83
Burgkmair, Hans 113
Caesar 9, 13 f., 16 f.
Calixt II., Papst 68 f.
Calixt III., Papst 78
Chlodwig, frk. Kg. 19, 32
Clemens II., Papst 60, 65
Clemens III., Papst 65
Clemens V., Papst 90, 92 f.
Clemens VI., Papst 97
Clemens VII., Papst 13, 116
Coelestin III., Papst 80
Cola di Rienzo 98
Crescentius, röm. Senator 54
Damasus II., Papst 60
Dante Alighieri 88 f.
David, bibl. Kg. 33, 66
Dürer, Albrecht 117
Edith, Gemahlin Ottos I., ostfrk. Kgn. 47
Eduard II., Kg. v. England 92
Einhart 25, 32
Eirene, byz. Ksn. 29
Ekkehard v. Aura 68
Eleonore, Gemahlin Friedrichs III., Ksn. 109 f.
Elisabeth, Gemahlin Karls IV., Ksn. 100
Elisabeth, Gemahlin Johanns, Kgn. v. Böhmen 90
Enea Silvio Piccolomini, siehe Pius II.
Eugen III., Papst 74, 77

Register

Eugen IV., Papst 106
Felix V., Papst 105
Formosus, Papst 43
Franz II., Ks. 118
Friedrich I. Barbarossa, Ks. 57, 71–73, 75–81, 83, 86, 90, 108, 115, 119 f.
Friedrich II., Ks. 73, 80, 82–87, 99, 102, 106, 108, 115
Friedrich (der Schöne), Kg. 93, 108
Friedrich III., Ks. 108–111, 113–115
Friedrich III., Deutscher Ks. 119
Friedrich II., Hg. v. Schwaben 68, 70
Frutolf v. Michelsberg 70
Gelasius I., Papst 72
Gelasius II., Papst 68
Georg, hl. 110
Gerbert v. Aurillac, *siehe* Silvester II.
Gertrud, Gemahlin Heinrichs des Stolzen 70
Gisela, Gemahlin Konrads II., Ksn. 59
Göring, Hermann 120
Gottfried v. Viterbo 76
Gregor V., Papst 53
Gregor VII., Papst 63–65
Gregor VIII., Papst 68
Gregor IX., Papst 84, 86
Gregor XI., Papst 102
Gregor XII., Papst 104
Grünpeck, Joseph 114
Günther (v. Schwarzburg), Kg. 97
Hadrian I., Papst 26
Hadrian II., Papst 39
Hadrian IV., Papst 75
Heinrich I., ostfrk. Kg. 46
Heinrich II. Ks. 56–59, 77, 109, 113, 120
Heinrich III., Ks. 59–61, 65, 104
Heinrich IV., Ks. 61–65, 68, 70, 79, 121
Heinrich V., Ks. 45, 63, 66–70
Heinrich VI., Ks. 73, 79–81
Heinrich (VII.), Kg. 85
Heinrich Raspe, Kg. 86
Heinrich VII., Ks. 87, 90–92, 96, 98 f.
Heinrich (der Stolze), Hg. v. Bayern und Sachsen 70, 73
Heinrich (der Löwe), Hg. v. Bayern und Sachsen 78 f., 81, 83
Hermann (v. Luxemburg), Kg. 64
Hermann, Landgraf v. Hessen 113
Hermansgrün, Hans Luppold v. 114 f.
Hieronymus v. Prag 104
Himmler, Heinrich 120

Honorius II., Papst 70
Honorius III., Papst 84
Hugo, ital. Kg. 44
Hus, Jan 104
Hutten, Ulrich v. 107
Innocenz II., Papst 71 f.
Innocenz III., Papst 81–83
Innocenz IV., Papst 86
Innocenz VI., Papst 98
Irmingard, Gemahlin Ludwigs I., Ksn. 33
Irmingard, Tochter Ks. Ludwigs II. 40, 42
Isabella II. v. Jerusalem, Gemahlin Friedrichs II., Ksn. 84 f.
Ismahel/Melus, apul. Fürst 58
Jobst (v. Mähren), Kg. 103
Johann, Sohn Heinrichs VII., Kg. v. Böhmen 90, 96
Johann (Ohneland), Kg. v. England 83
Johannes v. Salisbury 78
Johannes I. Tzimiskes, byz. Ks. 52
Johannes II., byz. Ks. 74
Johannes VIII., Papst 39 f.
Johannes X., Papst 44
Johannes XII., Papst 48, 50 f.
Johannes XIII., Papst 51 f.
Johannes XV., Papst 53
Johannes XVI., Papst 54
Johannes XIX., Papst 59
Johannes XXII., Papst 93–95
Johannes (XXIII.), Papst 104
Jordanus v. Osnabrück 88
Judith, Gemahlin Ludwigs I., Ksn. 34–36
Jugurtha, numid. Kg. 40
Julius II., Papst 116
Justinian I., byz. Ks. 20 f.
al-Kamil, Sultan 85
Karl I. der Große, Kg. 7–9, 11, 15 f., 23–31, 34 f., 37, 39 f., 46 f., 50, 52, 55, 65 f., 76 f., 84, 88, 98, 108, 111, 113, 115, 117 f., 120
Karl II. (der Kahle), Ks. 34–41
Karl III. (der Dicke), Ks. 41–44
Karl IV., Ks. 57, 89, 96–103, 114
Karl V., Ks. 13, 116 f.
Karl VII., Ks. 108, 117
Karl, Sohn Ks. Lothars I., frk. Kg. 37
Karl IV., Kg. v. Frankreich 97
Karl V., Kg. v. Frankreich 101
Karl (der Kühne), Hg. v. Burgund 113
Karlmann, frk. Kg. 26

Karlmann, ostfrk. Kg. 41
Knut, dän./engl. Kg. 59
Konrad II., Ks. 56 f., 59, 60
Konrad, Sohn Heinrichs IV., Mitkg. 63, 66 f., 71
Konrad III., Kg. 68, 70, 73 f., 77
Konrad IV., Kg. 85-87
Konrad v. Megenberg 101
Konradin, Sohn Konrads IV. 87
Konstantin der Große, Ks. 13, 18, 29, 54 f.
Konstantin XI., byz. Ks. 23, 112
Konstanze, Gemahlin Heinrichs VI., Ksn. 79 f.
Konstanze, Gemahlin Friedrichs II., Ksn. 84
Kunigunde, Gemahlin Heinrichs II., Ksn. 56-58, 109
Kunigunde, Tochter Friedrichs III. 109
Ladislaus, Kg. v. Ungarn 110
Lambert, Ks. 35, 43 f.
Leo III., Papst 23-25, 29 f., 32, 51
Leo V., Papst 37
Leo VIII., Papst 51
Leo IX., Papst 60
Leo v. Vercelli 54, 57
Liutprand v. Cremona 48
Lothar I., Ks. 12, 34-38
Lothar II., frk. Kg. 37, 44
Lothar III., Ks. 61, 70-73
Lothar, Sohn Hugos, ital. Kg. 44, 46
Lothar, westfrk. Kg. 52
Lucius III., Papst 79
Ludwig I. (der Fromme), Ks. 12, 31, 33-37
Ludwig II., Ks. 37-40, 44, 71,
Ludwig III. (der Blinde), Ks. 42, 44
Ludwig IV. (der Bayer), Ks. 12, 35, 93-96, 102 f.
Ludwig II. (der Deutsche), ostfrk. Kg. 34-40
Ludwig III. (der Jüngere), ostfrk. Kg. 41
Ludwig II. (der Stammler), westfrk. Kg. 41 f.
Ludwig VI., Kg. v. Frankreich 66
Ludwig IX., Kg. v. Frankreich 81
Ludwig III., Pfalzgraf bei Rhein 103
Lupold v. Bebenburg 100 f.
Luther, Martin 116
Margarete, Gemahlin Ludwigs IV., Ksn. 94

Maria, Gemahlin Maximilians I., Kgn. 113, 116
Marinus v. Fregeno 14
Marsilius v. Padua 88, 94
Martin V., Papst 104
Maximilian I., Ks. 13, 113-117
Mehmet II., türk. Sultan 23
Melus, *siehe* Ismahel/Melus
Michael I., byz. Ks. 30
Michael VIII., byz. Ks. 20
Michael v. Cesena 94
Napoleon I., Ks. der Franzosen 39, 118
Narses, byz. Feldherr 20
Nikolaus I., Papst 39
Nikolaus II., Papst 62
Nikolaus V., Papst 110
Nikolaus V., Gegenpapst 94
Nikolaus v. Kues 106
Odilo v. Cluny 58
Odoaker, Kg. in Italien 19
Otto I. der Große, Ks. 42, 45-52, 54, 65, 76, 90, 94, 113, 115, 118, 120
Otto II., Ks. 30, 48, 52 f.
Otto III., Ks. 14, 53-57, 113
Otto IV., Ks. 81-83
Otto (das Kind), Hg. v. Braunschweig 85
Otto v. Freising 74, 76, 81, 83
Paschalis I., Papst 34
Paschalis II., Papst 66 f.
Paschalis III., Papst 77 f.
Paulus, Apostel 9, 27, 43
Petrarca 98 f.
Petrus, Apostelfürst 9, 11 f., 27-29, 43, 50 f., 55, 58, 60, 64, 90
Petrus Crassus 65
Philipp (v. Schwaben), Kg. 81-83
Philipp I., Kg. v. Frankreich 66
Philipp II. (Augustus), Kg. v. Frankreich 83
Philipp IV., Kg. v. Frankreich 90, 92
Pippin, frk. Kg. 26-28, 50, 66, 71
Pippin I., Sohn Ludwigs I., frk. Kg. 34 f., 39
Pius II., Papst, 105, 109-111
Praxedis (Adelheid), Gemahlin Heinrichs IV., Ksn. 63
Reiner v. Lüttich 84
Richard (v. Cornwall), Kg. 87
Richard I. Löwenherz, Kg. v. England 80
Richgarda, Gemahlin Karls III., Ksn. 41
Robert II., Kg. v. Frankreich 57

Register

Robert, Kg. v. Neapel 92
Roger II., Kg. v. Sizilien 80 f.
Romulus (Augustulus), röm. Ks. 19
Rudolf (v. Schwaben), Kg. 64
Rudolf (v. Habsburg), Kg. 87, 90
Rudolf III., burgund. Kg. 59
Ruprecht, Kg. 102 f.
Saladin, Sultan 79
Sciarra Colonna, röm. Senator 94
Sergius II., Papst 37
Sigmund, Ks. 103–107, 111
Silvester I., Papst 54
Silvester II., Papst 14, 53 f.
Simeon, bibl. Person 33
Simon Magus, bibl. Person 62
Stephan II., Papst 26–28
Stephan IV., Papst 32 f.
Stephan V., Papst 43
Stephan X., Papst 60
Suger v. Saint-Denis 71
Thegan 31–33
Theoderich der Große, ostgot. Kg. 19
Theodosius I., röm. Ks. 18
Theophanu, Gemahlin Ottos II., Ksn. 52 f.
Thietmar v. Merseburg 52, 55, 57
Urban II., Papst 66, 68
Urban V., Papst 100
Vespasian, röm. Ks. 17
Victoria, Kgn. v. Großbritannien, Ksn. v. Indien 120
Viktor II., Papst 60 f.
Viktor IV., Papst 77
Visconti, Gian Galeazzo 103
Walram, Bruder Ks. Heinrichs VII. 91
Walther v. der Vogelweide 83
Wenzel, Kg. 101 f., 114
Wenzel, *siehe* Karl IV., Ks.
Wibald v. Stablo 75
Wido (v. Spoleto), Ks. 42 f.
Widukind v. Corvey 47 f.
Wilhelm (v. Holland), Kg. 86
Wilhelm I., Deutscher Ks. 119
Wilhelm II., Deutscher Ks. 119
Wilhelm v. Ockham 88, 94
Willa, Gemahlin Berengars II., ital. Kgn. 51
Windecke, Eberhard 106 f.
Zacharias, Papst 26
Zenon, byz. Ks. 19

Orte

Aachen 11 f., 14, 30–32, 34, 36, 46, 52, 55, 70, 75, 84, 98, 100, 107 f., 111, 114, 116
Akkon 79, 87
Aleria 94
Andernach 41
Antiochia 80
Arles 57
Attigny 39 f.
Augsburg 47, 64, 113
Avignon 12, 90, 93–95, 98, 102, 104
Avrieux 41
Bamberg 51, 56, 58, 77, 83
Basel 104 f.
Benevent 51
Besançon 76
Bethlehem 85
Bologna 77, 100, 116
Bonn 96
Bouvines 83
Braunschweig 70, 83, 85
Brescia 91
Brixen 60, 65
Buonconvento 92
Byzanz/Konstantinopel 13, 18–20, 22 f., 25, 29 f., 55 f., 61, 74, 80, 112
Cambrai 101
Canossa 64, 79
Capua 51
Castello 94
Columna Regia 53
Corvey 46
Cremona 91
Enger 98
Florenz 91, 99, 104
Fontenoy 36
Frankfurt am Main 11, 75, 93, 95, 97 f., 100, 108, 113 f., 116
Fulda 40, 43, 58
Fürstenfeldbruck 96
Gandersheim 46
Genua 91
Gnesen 55
Goslar 119
Göß 58
Hamburg 51
Harzburg 83
Heidelberg 103
Helmstedt 70
Ingelheim 36

Innsbruck 116
Istanbul 23
Jerusalem 79 f., 85, 87, 111
Jesi 80
Kaisersberg 92
Karlstein 98
Köln 77, 87, 100, 113,
Königslutter 70
Konstantinopel, *siehe* Byzanz
Konstanz 78, 102, 104, 106
Kyffhäuser 80, 119
Lausanne 104
Legnano 77
Linz 114
Lübeck 98
Lüttich 71
Luxemburg 97
Lyon 86
Magdeburg 46, 50, 52, 98, 114
Mailand 57, 59, 63, 77, 79, 91, 94, 99, 103, 106
Mainz 36, 79, 85, 87, 100, 106
Memleben 46, 52
Merseburg 46, 50
Messina 81
Metz 27, 100
Montecassino 59
Moskau 23
Mühldorf 93
München 96
Nantua 41
Nazareth 85
Neapel 87, 109
Nürnberg 98, 100, 105 f., 111, 117
Ostia 49
Paderborn 29
Palermo 81, 86
Paris 97, 101
Paterno 56
Pavia 28, 40, 48, 57
Pisa 92, 104
Poggibonsi 92

Ponte Mammolo 67
Ponthion 27
Prag 97
Prüm 37
Quedlinburg 46
Ravenna 11 f., 19, 35, 41, 43, 59, 65
Reims 11 f., 33, 34
Rhense 95
Rom 7, 9–14, 17 f., 20, 23–25, 28–30, 32, 34–37, 39–41, 43 f., 47–49, 51–60, 62–65, 67 f., 71 f., 74–76, 80, 83 f., 90–92, 94, 99, 102, 104, 106–109, 111, 116 f.
Roncaglia 77
Saint-Bertin 41
Saint-Denis 27, 41
Saleph (heute Göksu) 80
Siena 109 f.
Soissons 35
Speyer 36, 69, 90
Straßburg 36
Süpplingenburg 70
Sutri 60, 72
Tarsus 80
Tivoli 99
Toul 60
Tours 19
Trient 116
Trier 87, 100, 113
Troia 59
Tyrus 80
Utrecht 69
Venedig 78, 114, 116
Verdun 36, 38
Verona 44
Vienne 67
Wardein 107
Wien 109, 114, 119
Wiener Neustadt 108, 116
Worms 36, 64, 68, 72, 114
Znaim 107